Renate Günther-Greene

Tabu Abtreibung

Was Frauen fühlen und

warum sie schweigen

Ellert & Richter Verlag

Inhalt

Gespräche mit Experten

Gespräche mit betroffenen Frauen

40
„Ich habe gedacht,
du machst es weg und bist das Problem los."
Johanna

52
„Ich fühle so eine Traurigkeit in meinem Bauch."
Anna

65
„Mir hätten Gespräche weitergeholfen.
Ganz viele Gespräche und ein bisschen mehr Wärme."
Alexandra

77
„Ich habe schon etwas empfunden.
Es war kein Zellklumpen für mich."
Nina

89
„Das Problem war die Schuld.
Ich hatte ein Kind getötet."
Claudia

98
„Mich hätte es zweimal geben können."
Anne

Darum
dieses Buch

November 1969. Wien. Die Stadt, in der ich aufgewachsen bin. Ein Kollege fährt mich zu der Adresse, wo meine Abtreibung stattfinden soll. Ich bin vierundzwanzig. Abtreibungen sind gesetzlich noch verboten.

Wir stehen vor dem angegebenen Haus. Ein typisches graues Wiener Mietshaus aus der Gründerzeit. Ein Geflügelladen beherrscht die Fassade. Was soll ich in einem Geflügelladen? Beherzt treten wir ein. Nackte Hühner hängen ausgenommen vor der weißen Kachelwand. In der Theke Hühnerleber und Mägen. Dahinter eine Frau im weißen Kittel. Ich gerate in Panik. Sie spürt meine Angst: „Ich bin Ärztin." Offensichtlich wurde ihr wegen Abtreibungen die ärztliche Zulassung entzogen.

Mit weichen Knien folge ich ihr in ein kleines Zimmer hinter dem Laden. Darin ein Resopal-Nierentisch, ein Fauteuil, ein kleiner Wohnzimmerschrank. Ich liege auf dem Nierentisch und halte still wie eine Marmorstatue. Spüre nichts. Doch plötzlich: eine dumpfe Welle. Ein wütender Stoß. „Jetzt ist es tot", denke ich. Dieses unbeschreibliche Gefühl habe ich bis heute nicht vergessen. In meiner Naivität frage ich die Ärztin, ob es ein Junge oder Mädchen geworden wäre. Sie zeigt nur auf den Eimer.

Im darauffolgenden Jahr verlasse ich meine Heimatstadt und ziehe nach Deutschland. Der Karriere wegen, die dann auch rasche Fahrt aufnimmt. Ich verliebe mich, gründe eine Familie. So viel Leben verdrängt die unangenehme Erinnerung.

Vier Jahrzehnte später. Drei Jahre nach dem Tod meiner Mutter traue ich mich zum ersten Mal wieder in meine mutterlose Kindheitsstadt. Am ersten Morgen wache ich im Hotel auf und werde von einem Tsunami gepackt. Einem Tsunami aus Schuld und Trauer. Die Abtreibung wird lebendig, als wäre sie gerade erst geschehen. Zum ersten Mal realisiere ich das schreckliche Gefühl: „Ich habe ein Kind getötet. Mein Kind."

Ich versuche, mit ihm ins Gespräch zu kommen. Tränen fließen ununterbrochen über mein Gesicht. Ich zwinge mich, auf die Straße zu gehen, um in einer Kirche Ruhe zu finden. Doch Touristen quellen aus jedem Gotteshaus in der Innenstadt. Ich suche die Stille in den engen, krummen Gässchen und stehe plötzlich vor einem kleinen Spielzeugladen. Aus der Auslage lacht mich ein Stoffpüppchen an. Etwa zwanzig Zentimeter klein, mit karottenroten Haaren, bekleidet mit einem blauen Frottee-Jäckchen und Baumwollhosen. Auf seinem Gesicht prangen sieben Sommersprossen auf jeder Seite. „Das bist du", sage ich. Es soll das Abbild meines ungeborenen Kindes sein. Ich nenne es Helmut Maria, weil ich nicht weiß, ob es ein Junge oder Mädchen geworden wäre. Helmut Maria sitzt seitdem neben den Fotos meiner lebenden Kinder.

Heute weiß ich, dass dies ein erster gesunder Schritt zur Verarbeitung war: Das Ritual der Namensgebung vollziehen viele Frauen, um dem anonymen Kind eine Persönlichkeit zu verleihen.

Zurück in Deutschland versuche ich, Kontakt mit anderen Betroffenen aufzunehmen – und stoße auf eine

Mauer des Schweigens. „Lass mich in Ruh." „Ich will das nicht wieder aufwühlen." Nicht eine Frau, ob jung oder alt, ist bereit, sich auf ein Gespräch einzulassen. Eine neue Erfahrung für mich, denn bei Recherchen für meine Dokumentationen finde ich meist leicht Kontakt zu Protagonisten. Warum ist es diesmal so schwer? Über vierzig Jahre nachdem Abtreibungen rechtlich geregelt sind? Wir haben doch erreicht, was wir wollten. „Mein Bauch gehört mir", warum dann dieses Verweigern? Ich mache mich weiter auf die Suche nach Frauen, die reden wollen. Die Gespräche öffnen mir die Tür zur geheimen Welt der Schuld, der Scham, Ängsten und Konflikten. Geheim, denn sie werden mit ihrer Entscheidung oft allein gelassen. „Das ist dein Körper, es ist deine Entscheidung", lässt sie sich zu Recht verlassen fühlen. Dann besser schweigen. Frauen werden in der Entscheidungsphase oft unter Druck gesetzt, vom Partner oder der Familie. Sie überhören die zarte Stimme in ihnen, die sich dieses Kind eigentlich wünscht.

Oft höre ich: „Ich hatte nicht genug Zeit, die Entscheidung in Ruhe zu durchdenken. Für und Wider auszumalen. Den Gedanken zuzulassen: Warum eigentlich nicht?" Mir begegnen aber auch Frauen, die mit ihrer Abtreibung gut leben können.

Ich möchte das alles besser verstehen. Viele Fragen treiben mich weiter: Wann beginnt das Leben? Wie entsteht Moral? Warum leiden manche Frauen unter Folgen der Abtreibung und andere nicht? Ist der religiöse Einfluss wichtig? Warum brechen Schuldgefühle oft erst nach Jahren oder sogar nach Jahrzehnten aus? Warum schämen wir uns, wenn doch das Recht uns unter den bekannten Bedingungen eine Abtreibung erlaubt? Warum sprechen häufig Schwangerschaftsberatungen von einem Zellklumpen und nicht von einem Embryo? Von Schwangerschaftsunterbrechung und nicht -abbruch? Warum diese Banalisierung? Warum finden immer noch jährlich durchschnittlich 110 000 Abtreibungen statt (die Dunkelziffer wird deutlich höher eingeschätzt), obwohl es sichere Verhütungsmittel gibt?

Ich führe meine Gespräche fort. Mit Betroffenen, Hebammen, Psychologen, Abtreibungsärzten, Wissenschaftlern, mit einem Ethik- und Moral-Professor und Professoren von gynäkologischen Universitätskliniken. Sie alle wollen mir helfen. Alle motivieren mich, durchzuhalten. „Es wird nicht leicht für Sie, aber geben Sie nicht auf. Es ist wichtig, was Sie tun", so Prof. Dr. Nikolaus Knoepffler.

Auf manche Fragen finde ich eine Antwort. Neue Fragen tauchen auf. Ich lerne, dass es keine einzige Wahrheit gibt. Kein Gut oder Böse. Kein Richtig oder Falsch.

Ich habe auch das Wünschen gelernt: Ich wünsche mir, dass die neue Generation nicht in solch eine Situation kommt, weil sie verantwortungsbewusst mit ihrem Körper umgeht und sachgemäß verhütet. Verhüten ist immer besser als abtreiben.

Aus den vielen Gesprächen habe ich für dieses Buch die ausgewählt, die die Probleme am deutlichsten aufzeigen, ihre möglichen Ursachen, aber auch Wege, aus dem Schweigen herauszukommen, neue Hoffnung zu gewinnen.

Ich hoffe, dass Sie in diesem Buch zumindest einige Antworten auf Ihre persönlichen Fragen finden.

Allen Gesprächspartnern, die mich bei diesem Projekt begleitet haben, danke ich für ihre Leidenschaft, ihr Interesse, ihre Offenheit. Ohne sie gäbe es weder dieses Buch noch den Film.

Renate Günther-Greene

Vorwort

Menschen stülpen in der Öffentlichkeit ihr Innenleben nach außen, reden in der U-Bahn mit Handys laut über Intimstes, offenbaren in Talkshows private Geheimnisse. Unsere Gesellschaft scheint tabufrei. Würde aber eine Frau beim Abendessen mit Freunden offen bekennen, abgetrieben zu haben? Würde sie nicht sogar davor zurückscheuen, einer guten, langjährigen Freundin darüber zu berichten? Denn sie könnte bei diesem Thema, falls unterschiedliche Meinungen aufbrechen, die Freundschaft riskieren. Das selbst gewählte Ende einer Schwangerschaft tangiert sehr persönliche Gefühle. Kann es sein, dass dieses Thema eines unserer letzten Tabus ist?

Als die Filmemacherin Renate Günther-Greene mir vor einigen Jahren einen Film zum Thema Abtreibung vorschlug, war auch ich anfänglich sehr zögerlich. Was sollte man zu diesem Thema Neues sagen? Die juristische Schlacht um den Schwangerschaftsabbruch war doch in Europa weitgehend geschlagen. Warum sollte sich eine Frau mit diesem Thema befassen, wenn sie nicht zur Front der Lebensschützer gehörte und die bestehende Rechtslage zu revidieren wünschte? Renate Günther-Greene erzählte mir ihre persönliche Geschichte: dass sie viele Jahre nach einem Schwangerschaftsabbruch mit diesem Erlebnis wieder schmerzhaft konfrontiert worden war. Wir Frauen hatten mit viel Mut dafür gekämpft, das Thema aus der Illegalität herauszubringen. Ist es möglich, dass wir heute nicht über eine Abtreibung sprechen wollen aus Angst vor einer möglichen Traumatisierung, die ein erneutes Beschäftigen mit den Erfahrungen und Gefühlen für uns bedeuten könnte? Schweigen wir aus Sorge, von Gruppen vereinnahmt werden zu können, die das Recht der Frauen, über ihr Leben zu bestimmen, wieder einschränken wollen?

Um einen Themenabend für arte einzubringen, musste ich viele Hindernisse überspringen, und bei jeder Genehmigungsinstanz stieß ich erneut auf eine Front des Widerstands. Alle zeigten sich irritiert und fragten, ob ich zu den Rechtsradikalen übergelaufen sei. Zur Agenda der Front National und anderer rechtspopulistischer Parteien in Europa gehört nämlich das Thema Abtreibung. Bei einer Regierungsbeteiligung von Marine Le Pen würde die Gesetzgebung in Frankreich zum Thema Abtreibung ganz sicher als eine der ersten Maßnahmen revidiert werden. Ich fragte beharrlich zurück, ob es nicht auch an der Zeit sei, das Schweigen über den Schmerz zu brechen, das Schweigen über einen Verlust, der viele Frauen trotz allen gesellschaftspolitischen Fortschritten oft noch Jahre belastet.

Ich hatte offenbar doch andere aufhorchen lassen, und man ermutigte mich, ein Konzept für das Thema zu erarbeiten. In Europa sind in vielen Ländern konservative, rechte bis rechtsradikale Parteien im Aufwind. In einem Punkt gleichen sich von Polen bis Spanien alle: Auf ihrer Agenda steht die Revision der bestehenden Gesetzeslage zum Schwangerschaftsabbruch ganz oben. Warum diese Leidenschaftlichkeit unter Männern in einer Frage, die das Leben von Frauen berührt? Geht es um die Angst, die Dominanz über sie zu verlieren?

Papst Franziskus, mit dem so viele die Hoffnung auf einen Aufbruch verbinden, hat gleich zu Beginn seiner

Amtszeit verkündet: über Abtreibung könne man mit ihm nicht diskutieren. Das bleibe für ihn Mord. Ein Rechtsanwalt aus streng katholischer Familie hat mir aus der Kirchengeschichte erzählt, dass der Vatikan bis ins 19. Jahrhundert zwischen beseeltem und unbeseeltem Fötus unterschieden habe. Das Thema Abtreibung galt also offenbar bis dahin für die Kirche nicht als Sünde. Eine befruchtete Eizelle wurde nur mit dem Hauch der Seele zum Menschen. Wann dies geschah, war unklar. Erst der nervenkranke Papst Pius IX. nahm 1869 die sogenannte Simultantheorie ins Kirchenrecht auf. Diese besagt, dass der Mensch mit der Zeugung entsteht. Aber selbst unter Theologen ist die Frage der Menschwerdung noch immer umstritten. Der Theologe Karl Rahner schrieb: *„Auch aus dogmatischen Definitionen der Kirche ist nicht zu entnehmen, dass es gegen den Glauben wäre, wenn man annähme, dass der Sprung in die Geist-Person erst im Lauf der Entwicklung des Embryos geschieht. Kein Theologe wird behaupten, den Nachweis führen zu können, dass Schwangerschaftsunterbrechung in jedem Fall ein Menschenmord ist."*

Moderne Screeningverfahren lassen heute viel früher und deutlicher die Entwicklung eines Fötus verfolgen – so weiß man, dass ab dem 21. Tag ein Herz schlägt. Eine Gynäkologin hat im Magazin der ZEIT darüber geschrieben, dass sie es nicht mehr ertragen wolle, Föten zu entfernen. Das kann man nachvollziehen, denn natürlich ist es viel beglückender, Menschen zur Geburt zu verhelfen. Politik, Kirche und Medizin fahren Argumente auf, den

Frauen wieder das Recht auf Selbstbestimmung zu nehmen. Man unterstellt den Frauen Leichtfertigkeit und Egoismus. Aber wie viel Selbst- und Fremdhass entsteht, weil Menschen sich als Kinder ungewünscht, ungeliebt oder vernachlässigt gefühlt haben, weil sie in eine Situation hineingeboren wurden, in der die Mütter, Eltern überfordert, überlastet oder verarmt waren. Wie viel Leid entsteht, weil Menschen diesen Hass dann weiter in die Welt tragen?

Frauen sollten sich das Recht zu entscheiden, wann sie die Verantwortung für ein Kind übernehmen können, nicht wieder nehmen lassen. Frauen sollten aber auch über den Schmerz sprechen dürfen, den die Entscheidung, eine Schwangerschaft abzubrechen, auslösen kann.

Auch ich gehöre zu den Frauen, die abgetrieben haben, sogar zwei Mal. Das erste Mal war in Wien, wie bei Renate Günther-Greene, in der Fleischgasse. Ich war achtundzwanzig, erfüllt von beruflichem Elan. 1980 war das Leben einer Vollblutjournalistin in meiner Wahrnehmung nicht mit dem einer Mutter vereinbar. Erst der zweite Abbruch fünf Jahre später hat mich ins Mark getroffen, nicht nur die Abtreibung selbst, bei der der Arzt wohl absichtlich die Narkose zu leicht gewählt hatte, um mich zu strafen. Ich erinnere mich vor allem an unendliche seelische Schmerzen, an Autofahrten, bei denen ich allein am Steuer saß und unentwegt schrie, ein Schutzengel muss auf mich aufgepasst haben, dass andere und ich ohne Unfall davongekommen sind. Ich habe die Pein damals aus mir herausgebrüllt, und mich auf diese Weise davon entlastet. Bis zum Anruf von Renate Günther-Greene hatte ich nicht mehr an diese Schmerzen gedacht. Ich hätte sie sicher nicht vergessen, wenn ich nicht die Gnade der späten Geburt einer wundervollen Tochter erfahren hätte.

Ich wünsche dieser Generation, dass sie mit dem Thema Abtreibung nicht in Berührung kommt, nicht weil es ihnen nicht möglich ist, sondern weil sie verantwortungsvoll mit ihren Partnern verhüten. Und ich hoffe, dass der Impuls von Renate Günther-Greene – ihrem eigenen viele Jahre nach der Abtreibung wieder aufgeflammten Schmerz nachzugehen und zu prüfen, ob sie alleine damit steht oder ob andere Frauen ähnlich empfinden – anderen Frauen Mut macht, über ihre Erfahrung zu sprechen. Renate Günther-Greene ist es gelungen, das Vertrauen geschenkt zu bekommen, dass Frauen ihre Geschichte erzählt haben, erst in einem Dokumentarfilm und nun auch in diesem Buch. Es möge ein lang gehegtes Tabu brechen und uns Frauen die Angst nehmen, über diese Entscheidung in unserem Leben offen zu sprechen.

Prof. Dr. Sabine Rollberg

Gespräche
mit Experten

„Was glaube ich,
was das frühe Ungeborene ist?
Darauf muss jeder Einzelne
eine Antwort finden."

Im Laufe meiner mehrjährigen Recherche tauchten immer wieder Themen auf, die mit grundsätzlichen Fragen zu unserer Moral zu tun hatten. Ich stieß dabei auf Prof. Dr. Nikolaus Knoepffler, Leiter des Ethikzentrums für angewandte Ethik, Universität Jena.

Er war meinen Fragen gegenüber aufgeschlossen und half mir mehrfach in Telefongesprächen weiter. Er munterte mich immer wieder auf: „Geben Sie nicht auf, dieses wichtige Thema weiter zu verfolgen. Aber es wird nicht leicht sein."

Damals war noch nicht sicher, dass arte sich des Themas annehmen und dass daraus ein ganzes Projekt mit Film, DVD, Buch und medialen Aktionen erwachsen würde.

Gespannt fahre ich zu einem Interview mit Prof. Dr. Knoepffler vor Ort in Jena. Es kommt mir ein schlanker, mittelgroßer Mann entgegen. Er begrüßt mich mit einem herzlichen Willkommen – nicht nur auf seinen Lippen, sondern in seinem ganzen Habitus.

In seinem Arbeitszimmer hören uns viele Bücher zu, aber auch eine Büste von Hegel mit Hut. Sie begleitet wohlwollend unser Gespräch von einem hohen Regal.

Lieber Herr Professor Knoepffler, wie entsteht Moral?
Moralische Einstellungen werden vor allem von drei Ebenen geprägt: Auf der ersten Ebene von der Familie, die einem moralische Einstellungen lehrt. Dann natürlich von der Gesellschaft, in der man sich befindet. Dazu gehört auch, ob sie von Religionen geprägt ist. Die dritte Ebene ist die der Gesetze, die einem etwas verbieten oder gebieten. Sie prägen ebenfalls die moralischen Überzeugungen.

Woher kommt die stärkste Prägung?
Wenn ich den Psychologen glauben darf, ist die stärkste Prägung die, die man frühkindlich übers Elternhaus bzw. durch die Erziehung mitbekommt.

Ist das auch so beim Thema Abtreibung?
Die Moral zum Thema Abtreibung ist vor allem davon geprägt, in welcher Kultur jemand groß wird. Im semitischen Kulturkreis, dem Judentum und Islam, gilt das frühe Ungeborene noch nicht als Mensch. In einer eher christlich geprägten Kultur besteht die Annahme, der Mensch existiere von Anfang an, wenn Ei und Samenzelle sich vereinigen.
Aber wesentlich ist natürlich auch, was man selbst, was die eigene Familie unter menschlichem Leben versteht. Und das jeweilige geltende Recht spielt eine große Rolle. Der Straftatbestand der Abtreibung als rechtswidrig mag für viele immer noch ein Problem sein, hat aber die starke gesellschaftliche Ächtung verloren.

Das Handeln gegen die eigene Moral führt bei manchen Frauen zu tiefen Schuldgefühlen und Bestrafungsängsten.

Wenn ich moralisch überzeugt bin, etwas tun oder unterlassen zu müssen, und ich handle dem zuwider, entstehen Schuldgefühle. Das lernt man in einer frühen Phase, etwa im dritten, vierten Jahr der Entwicklung.

Gespräche mit Frauen aus der ehemaligen DDR, aus Russland und dem freizügigen Dänemark haben mir gezeigt, dass auch sie ohne religiöse Prägung leiden. Die Frauen, die zur Empfindung kommen, sie haben einen Menschen oder einen werdenden Menschen getötet – anders als jene, die der Meinung sind, das wäre eine Verhütung nach der Zeugung –, entwickeln tatsächlich Schuldgefühle. Das ist nicht religiös abhängig, sondern eine weltanschauliche Überzeugung. Was glaube ich, was das Ungeborene ist? Religionen geben natürlich darüber Aufschluss, aber jeder Einzelne muss für sich eine Antwort finden.

Überraschend finde ich die Bestrafungsängste: Wenn man schwer erkrankt, kein weiteres Kind mehr bekommt, eine Fehlgeburt erleidet, wenn die Ehe auseinandergeht, ein späteres Kind behindert geboren wird – das alles kann in den Augen der Frauen die Strafe für die Abtreibung bedeuten.
Menschen bekommen Bestrafungsängste, wenn ihr Wertegerüst, das sie ganz tief im Herzen tragen, durch ihre eigenen Handlungen verletzt wird. Wenn ich etwas getan

habe, das ich moralisch für verwerflich halte, und es passiert mir im Leben ein Unglück oder ein Schicksalsschlag, ziehe ich eine Verbindung zu dieser Schuld. Es ist eine Tendenz im Menschen, sehr schnell Schlüsse zu ziehen, obwohl diese möglicherweise falsch sind. Die Frage wäre, ob diesen Schuldgefühlen tatsächlich ein echtes Schuldhaben entspricht. Ob man Schuld auf sich lädt, hängt damit zusammen, welche Überzeugung man im Hinblick auf den frühen Embryo und welche auf die Bestrafungsängste hat. Wer bestraft hier? Bestraft irgendein Schicksal? Oder bestraft ein Gott? Welcher Gott? Das ist dann eine ganz schwierige Frage.

Die Gesellschaft banalisiert die Abtreibung und deren mögliche Folgen. Aus einem Embryo wird zum Beispiel ein Zellklumpen. Das mag den Frauen die Entscheidung erleichtern, sich langfristig aber gegen sie kehren. Was kann passiert sein, dass Frauen später, wenn sie eine Abtreibung vorgenommen haben, Schuld empfinden? Man kann es dadurch bewirken, dass – wie manche Schwangerschaftsberatungen es tun – davon geredet wird, es würde nur ein Schwangerschaftsgewebe vernichtet oder ein Zellklumpen beseitigt. Oder dass man beschönigend von einer Schwangerschaftsunterbrechung spricht, obwohl etwas ganz klar abgebrochen wird. Wenn einer Frau später bewusst wird, dass so ein Ausdruck für etwas, das sich entwickelt, bei dem sich schon nach vier Wochen ein schlagendes Herz zeigt, nicht zutrifft, merkt sie, dass sie unter falschen Voraussetzungen eine Abtreibung hat vornehmen lassen.

Deswegen war die Bestimmung so wichtig – das war damals der eigentliche Sinn der deutschen Gesetzgebung vom Bundesverfassungsgericht –, man sollte zuerst Richtung Lebensschutz beraten und die Frauen sensibilisieren. Nur wenn sie dann die Empfindung haben, es ginge nicht anders, sieht der Gesetzgeber von einer Strafe ab. Es gibt aber leider einen erheblichen Teil von Beratungen, die das Ganze banalisieren.

Ist diese Art der Beratung amoralisch?
Der Ausdruck Zellklumpen ist einfach falsch. Natürlich sind es auch Zellen, die sich in einem Klumpen verbinden. Aber zu einem ganz frühen Zeitpunkt. Da reden wir von den ersten zwei Tagen nach der Befruchtung. Es ist sofort ein entwicklungsfähiges Gebilde, das menschliche Gene trägt. Bereits in der zwölften Woche ist eine menschliche Gestalt klar erkennbar. Da muss man sich fragen: Warum banalisiert eine Gesellschaft, dass jedes Jahr eine Großstadt abgetrieben wird? Etwa 110 000 Frauen haben 2013 deutschlandweit abgetrieben, die Dunkelziffer wird deutlich höher eingeschätzt. Warum hält man es für nötig, in der Presse zu schreiben, Schwangerschaften seien zurückgegangen, und verheimlicht dabei, dass zwar die absolute Zahl der Schwangerschaften abgenommen hat, die Zahl der Frauen, die überhaupt Kinder bekommen können, zur gleichen Zeit aber auch weniger geworden ist? So bewegt sich in der Relation zwischen Geborenen und Abgetriebenen nicht viel, die Differenz geht sogar nach oben. Das sind Verharmlosungen, und ich verstehe nicht, warum eine Gesellschaft es für nötig betrachtet, das Thema zu banalisieren.

26

Kann das gefährlich für die Gesellschaft sein?

Eine Verharmlosung ist immer dann gefährlich, wenn jemand auf einmal merkt, er hat etwas getan unter Voraussetzungen, die gar nicht stimmen.

Ein angesehener Gynäkologe sagte einmal zu mir: „Man kann das Recht auf Abtreibung nicht rückgängig machen. Wir würden die Frauen zurück in den Untergrund treiben. Aber müssen wir akzeptieren, dass wir töten können, wenn wir unser Leben in Gefahr sehen?" Ist Notwehr die Motivation für eine Abtreibung?

Frauen, die abtreiben, haben das Empfinden, ihr eigenes Leben stünde auf dem Spiel. Ihr Lebensentwurf. Das, was sie mit ihrem Leben vorhaben, wird durch dieses Kind bedroht. Es ist aber noch kein richtiges Kind, sondern noch so anfänglich in der Entwicklung, dass sie es töten oder die Entwicklung abbrechen.

Eine wesentliche ethische Frage besteht darin, ob das getötete Ungeborene tatsächlich schon ein Wesen ist, dem Menschenwürde zukommt, oder ob es noch im Werden zum vollen Menschen ist. Eine andere Frage besteht darin, ob es praktisch eine Notwehrsituation ist. Eine Notwehrhandlung existiert für manche Frauen vermutlich tatsächlich. Sie sind der Meinung, ihr Leben sei bedroht, weil ihnen vielleicht nicht der Ausweg gezeigt wurde, der möglich gewesen wäre.

Ich glaube aber, dass die Mehrzahl der Überzeugung ist, dass das, was sie hier töten lassen, noch kein Mensch ist wie du und ich.

Ich stelle mir laienhaft vor, dass wir Gene in uns haben, die uns schon das Ungeborene schützen lassen. Für mich ist der Gedanke vorstellbar, dass in uns tief verankert ist, dass wir uns natürlich fortpflanzen wollen und es weitergehen soll mit diesem Leben. Wir wollen die Neugeborenen ganz instinktiv schützen. Dass uns ein Babyanblick ein Lächeln in unser Gesicht schreibt, ist ganz tief in uns eingeschrieben.

Hinzu kommt, dass wir durch moderne bildgebende Verfahren das Ungeborene heutzutage anders und viel früher sehen können. Das erzeugt auch noch einmal eine ganz andere Verbundenheit zum Ungeborenen als bisher.

Wie können Frauen lernen, mit ihren Schuldgefühlen umzugehen?
Die eigentlich wichtige Bedeutung von Schuldgefühlen ist – unabhängig davon ob sie gerechtfertigt sind oder nicht –, mit ihnen konstruktiv etwas Gutes aufzubauen. An der Vergangenheit kann man nichts mehr ändern.

Was könnte das sein?
Wenn jemand schwere Schuld empfindet und das Glück weiterer Kinder hat, kann er diese unterstützen und eine gute Mutter, ein guter Vater sein. Diese Töchter und Söhne so zu formen, dass ihnen solche Schuldgefühle hoffentlich dadurch erspart bleiben, dass sie niemals eine Abtreibung vollziehen müssen oder wollen. Ein weiterer heilender Prozess ist es, sich für etwas zu engagieren, damit anderen dieses Schicksal nicht widerfährt. Es ist wichtig, die Schuld dorthin zu tragen, wo sie aufgelöst und vergeben werden kann.

Im Idealfall wünscht man sich eine abtreibungsfreie Welt. Was könnte die Gesellschaft tun, um diesem Ideal näherzukommen?

Wir müssen uns fragen, wie wir das Thema aufklärender in den Schulunterricht einbinden, sodass die Kinder wissen, dass trotz Verhütung nie eine vollständige Sicherheit besteht. Wenn man mit einem Partner ins Bett geht, muss man sich fragen, ob man bereit wäre, bei einem Verhütungsfehler das Kind auszutragen.

Eine wichtige Aufgabe ist es, unsere Gesellschaft so umzubauen, dass Frauen nicht permanent in die Spannung einer Entscheidung zwischen Familie und beruflicher Karriere gelangen. Es gibt Berufe, in denen für eine erfolgreiche Karriere tatsächlich ein Arbeitspensum von sechzig Stunden die Woche gefordert wird, und das ist mit Kindern kaum hinzubekommen. Die Gesellschaft trägt eine Mitverantwortung, diese Situationen aufzulösen. Studiengänge und Ausbildungen sollten ebenso mit einem Kind realisierbar sein, ohne dass die gesamte berufliche Zukunft zusammenbricht.

Aber das Wichtigste ist, und deswegen halte ich auch diese Arbeit in der Öffentlichkeit für so wichtig, klarzumachen: Jede Verharmlosung hat wie jede Übertreibung sehr schädliche Folgen. Denn Betroffene entscheiden dann unter falschen Voraussetzungen, was Fehlverhalten und damit verbundene Schuldgefühle begünstigt.

Prof. Dr. mult. Nikolaus Knoepffler

29

„Es existiert eine Bestrebung,
bewusst oder unbewusst,
negative Folgen der Abtreibung
zu verleugnen und zu verdrängen.
Das kann krank machen."

Während meiner Recherche stoße ich im Internet auf Berichte über Frauen, die nach einer Abtreibung unter posttraumatischen Belastungsstörungen leiden.

Frau Dr. Angelika Pokropp-Hippen fällt mir dabei als eine Ärztin auf, die sich um die therapeutische Behandlung solcher Frauen bemüht und sich darüber hinaus gesellschaftlich dafür einsetzt, dass mögliche zu behandelnde Folgen einer Abtreibung bekannt werden.

Ich lerne sie zunächst über E-Mail- und Telefongespräche kennen und besuche sie dann in ihrer Praxis in Münster. Mit Neugier suchen meine Augen sie am Bahnsteig. Eine zierliche blonde Frau mit einem abwartenden, aber freundlichen Blick kommt mir entgegen. Wir treffen uns, weil Frau Dr. Pokropp-Hippen mich in diesem Projekt unterstützen will. Es ist von Anfang an klar, dass ich das Recht auf Abtreibung nicht infrage stelle – aber das Verhalten der Gesellschaft gegenüber Abtreibung. Sie wird sträflich banalisiert und Frauen werden mit ihren Problemen allein gelassen. Frau Dr. Pokropp-Hippen wird mir über die gesamte Projektzeit immer mit Rat und Tat zur Verfügung stehen.

Liebe Frau Dr. Pokropp-Hippen, Sie behandeln Frauen mit einem Trauma als Folge einer Abtreibung. Wie häufig ist dieses Problem?

Eine Abtreibung kann Folgeschäden nach sich ziehen, aber nicht zwingend. Es wird geschätzt, dass zwei von zehn Frauen nach einer Abtreibung symptomfrei bleiben und etwa zwei bis vier eine wirkliche Erkrankung entwickeln, nämlich eine posttraumatische Belastungsstörung, die Hilfe braucht. Die übrigen Frauen können sich oft selbst helfen und ihr Leben mit den Beschwerden, die sie haben, relativ gut fortsetzen.

Was genau ist eine posttraumatische Belastungsstörung?

Die deutschsprachige Gesellschaft für Psychotraumatologie definiert eine posttraumatische Belastungsstörung folgendermaßen: Es ist eine mögliche Folgereaktion eines oder mehrerer traumatischer Ereignisse, die an der eigenen Person, aber auch an fremden Personen erlebt werden können. In vielen Fällen führt das traumatische Erleben zu einem Gefühl von Hilflosigkeit und zu einer Erschütterung des Selbst- und Weltverständnisses. Man-Made-Traumata, also menschenverübte Traumatisierungen, können eine höhere Krankheitswahrscheinlichkeit mit sich bringen als Naturkatastrophen oder Unfälle. Es gibt generell eine hohe Selbstheilungsquote. Die Personen, die nach einer Traumatisierung für ein bis drei Monate Symptome entwickeln, gehören in die Gruppe der akuten posttraumatischen Belastungsstörung. Dauern die Beschwerden bis zu sechs Monate an, ist es eine chronische posttraumatische Belastungsstörung, und die Personen, die erst später unter Symptomen leiden, gehören in die Gruppe des verzögerten Typs. Es gibt unterschiedliche Anfänge und Verläufe. Das kann damit zusammenhängen, welche Ressourcen man hat und ob man in der Lage ist, sich selbst zu stabilisieren.

Können Sie ein paar typische Beispiele für Symptome nennen?
Typische körperliche Symptome spielen sich dort ab, wo eine Schwachstelle im Körper zu finden ist. Wenn man beispielsweise zu Neurodermitis neigt, kann die Haut reagieren. Wenn man an Asthma leidet, werden vielleicht die asthmatischen Anfälle zunehmen. Magen und Darm können reagieren, Menstruationsstörungen oder Störungen beim Geschlechtsverkehr chronisch werden. Es kann auch vorkommen, dass sich Schlafstörungen oder Konzentrationsstörungen einstellen, dass man bei kleinsten Anlässen aggressiv reagiert oder wie abgestumpft ist, sich sozial zurückzieht. Es gibt eine breite Palette von Symptomen.

Ich frage mich, wie so ein physischer, kleiner biologischer Eingriff ein Trauma auslösen kann.
Ich glaube, da darf man die Kleinheit der Masse, die entfernt wird, nicht mit der Bedeutung korrelieren. Frauen, die abtreiben, haben oft für sich selbst angenommen oder auch in den Beratungen gehört, dass es ein Zellklumpen oder Schwangerschaftsgewebe ist. Da wird meistens nicht von einem Kind gesprochen. Wenn Frauen

nach der Abtreibung entdecken, dass sie nicht etwas, sondern jemanden verloren haben, wenn sie also sozusagen wieder zur Personalisierung des Kindes in ihnen zurückfinden, geraten sie in eine massive Kaskade von Trauer und Schuld. In dieser Situation sind sie dann oft hilflos. Das kennen wir auch von Frauen nach einer Fehlgeburt. Ich habe noch keine kennengelernt, die an psychischen Folgen leidet und sagt, sie hätte ihren Zellklumpen verloren. Diese Frauen sagen, sie haben ihr Kind verloren. Genau das ist der springende Punkt dabei.

Wie erklären Sie sich, dass diese Entpersonifizierung in der Sprache stattfindet?
Ich glaube, dass in Menschen ein primäres Wissen darüber existiert, ein ungeborenes Kind ist ein Mensch und besitzt eine Seele und eine personale Würde. Wenn ich dieses Kind durch Abtreibung aus der Welt schaffen will, ist es notwendig, mich von diesem Kind emotional zu distanzieren und es zu einem Objekt werden zu lassen. Ich spreche nicht mehr von einem Kind, sondern von einem Schwangerschaftsgewebe oder Zellklumpen. Die Frauen lassen sich in der schwierigen Entscheidungsphase auf eine Notlüge ein. Wenn ich ein Kind, das ich als Zellklumpen erlebe, abtreiben ließ und im Nachhinein spüre, ich trauere doch, kommen die Schuldgefühle.

Frauen plagen oft schwere Schuldgefühle, obwohl sie überhaupt keine religiöse Bindung haben.
Ich habe auch ein Beispiel hier in der Praxis erlebt. Es war eine Frau, die mich eigentlich aufsuchte, weil sie an

chronischen Störungen litt: Migräne, Herz-Rhythmus-störungen, Menstruationsbeschwerden. Sie machte schon jahrelang eine Psychotherapie. Während der Erhebung der Anamnese erwähnte sie beiläufig, dass sie zwei Abtreibungen gehabt hätte. Sie ist in der früheren DDR aufgewachsen und ihre Eltern waren geistig im sozialistischen Kontext beheimatet. Von Glaube und Schuld konnte in dem Zusammenhang nicht die Rede sein, es sich also nicht auf ein Schuldbewusstsein im religiösen Sinne beziehen.

Ich denke, ihr Körper brachte zum Ausdruck, was ein unbewusster Teil ihres Selbst zu empfinden schien. Als ob der Körper trauern würde. Es rührte mich sehr, dass es verschiedene Ebenen im Menschen zu geben scheint, die auf ein Ereignis reagieren, selbst wenn es im Bewusstsein nicht korreliert wird.

Ich habe für mich selbst die Erkenntnis gewonnen, dass der Mensch über ein archetypisches Wissen verfügt, dass das Leben kostbar und einmalig ist. Ich glaube, wir haben einen Impuls in uns, dem Leben zu dienen und das Leben zu schützen. Das dient ja auch der Arterhaltung. Wenn wir dem zuwider handeln, hat das Folgen. Wenn uns die Verarbeitung nicht gelingt, können wir daran erkranken.

Ich habe gehört, dass bei Beratungen auf mögliche Folgeschäden einer Abtreibung meistens nicht hingewiesen wird.

Ich denke, das ist unterschiedlich. Zum einen wird es banalisiert. Manchmal gibt es aber auch Angebote, bei Beschwerden nach einer Abtreibung wiederzukommen. Ich habe aber noch keine Frau erlebt, die gern an den Ort oder zu den Personen zurückgehen würde, die zur Abtreibung beigetragen haben.

Wie viele Ärzte gibt es, die so ausgebildet sind wie Sie und Traumata nach Abtreibungen behandeln?
Es sind viel zu wenige. Es gibt kaum Ärzte oder Therapeuten, die sich speziell mit diesem Phänomen beschäftigen. Es ist ein Anliegen von mir, in Forschung und Lehre bekannt zu machen, dass es diese Art der Erkrankung geben kann.

Sie sprechen und schreiben über das Post-Abortion-Syndrom. Wer hat das zum ersten Mal definiert?
Das Post-Abortion-Syndrom kommt aus dem angloamerikanischen Sprachraum, ähnlich wie sich die posttraumatische Belastungsstörung nach dem Zweiten Weltkrieg, der Holocaust-Forschung und dem Vietnam-Krieg ebenfalls zunächst im angloamerikanischen Kontext etabliert hat.
Ich persönlich habe die Definition entwickelt, dass das Post-Abortion-Syndrom eine Sonderform der posttraumatischen Belastungsstörung ist und mit psychosomatischen Symptomen einhergeht, die in einem zeitlich variablen Kontext auftreten können.

Ist diese Begrifflichkeit des Post-Abortion-Syndroms allgemein akzeptiert?
Die Begrifflichkeit des Post-Abortion-Syndroms ist noch nicht in der Wissenschaft oder im gesellschaftlichen, glo-

balen Kontext akzeptiert und integriert. Eine Etablierung muss erst den Niederschlag in den Abrechnungsziffern und in den entsprechenden Diagnostiken finden, die dann z. B. im ICD 10, einer statistischen Klassifikation von Krankheiten, aufgeschrieben werden. Was darin aufgeführt wird, ist sozusagen als Krankheit existent. Dort finden wir zwar die posttraumatische Belastungsstörung, aber noch nicht das Post-Abortion-Syndrom. Ich setze mich sehr dafür ein, dass es als eine Spezialform der posttraumatischen Belastungsstörung anerkannt und auch in diesen wissenschaftlichen Beschreibungen ausgedrückt wird.

Nicht jede Frau erkrankt nach einer Abtreibung an einer solchen posttraumatischen Belastungsstörung, aber es besteht das Risiko, und wir sollten Risiken und Nebenwirkungen vor dem Eingriff deutlich benennen und anschließend behandeln. Wir verfügen in Deutschland über ein flächendeckendes Netz, um Abtreibungen und vorherige Beratungen durchzuführen. Wir sollten auch ein flächendeckendes Netz schaffen, um Frauen, sofern sie an einer Folgeerkrankung leiden, eine professionelle Behandlung zu ermöglichen.

Warum wird nicht darüber gesprochen, bleiben Frauen in Unwissenheit?
Ich denke, dass das mit Scham und Schuld zu tun hat. Wir stehen vor dem Phänomen, das wir ja auch aus anderen Zusammenhängen kennen. Die Psychoanalytiker Margarete und Alexander Mitscherlich haben es, als es um den Zweiten Weltkrieg ging, als „die Unfähigkeit zu trauern"

beschrieben. Es gibt viele Beispiele aus der Geschichte. Wir müssen uns aber bewusst machen, dass in einer Gesellschaft, in der Abtreibung als politisch gewollt und als feministische Errungenschaft gilt, eine Bestrebung existiert, negative Folgen der Abtreibung zu verleugnen oder zu verdrängen.

Was müsste man ändern?

Es muss sich die Öffentlichkeit dafür interessieren. Was sie bisher nicht tut. Es sollte z. B. Selbsthilfegruppen geben. Nicht jede Frau, die an einer verstärkten Trauerreaktion leidet, braucht professionelle Hilfe. Einige sind durchaus in der Lage, ihre Probleme eigenständig zu bewältigen. Aber sie würden sich sehr viel leichter damit tun, wenn sie anderen Frauen, die eine ähnliche Erfahrung machten, begegnen, sich mit ihnen austauschen und gemeinsam auf den Weg der Trauer machen könnten. Trauern ist ja letztlich etwas, das Menschen können. Was Menschen auch in den meisten Fällen gelingt.

Ein weiterer Aspekt ist, dass wir es auch in die Universitäten bringen müssen, dass dieses Phänomen in Medizin-, Psychologie-, Sozial- oder Religionswissenschaften benannt und von den Studierenden in die Gesellschaft getragen wird. Unabhängig von politischen Einstellungen.

Woran kann es liegen, dass sich das Desinteresse an diesem Thema durch die ganze Gesellschaft zieht?

Es gibt eine Neigung, Schuld besetzte Inhalte zu verleugnen und zu verdrängen. Wir haben ein Phänomen vor uns, in das nicht nur die betroffene Frau in die Frage, wie sie mit einer Abtreibung zurechtkommen soll, einbezogen ist, sondern auch die Ärzte, denen sie begegnet, die Politiker und die Medienleute. Diese Verdrängung zieht sich quer durch die Gesellschaft. Es besteht ein politischer Wille, Abtreibung als eine Errungenschaft des Feminismus und der Freiheitsentwicklung der Frau darzustellen. Damit ist schwer vereinbar, dass sie auch krank machen kann.

Frauen, die für sich feststellen wollen, ob sie Hilfe brauchen, können sich Berichte über posttraumatische Belastungsstörungen als Grundlage für ihre Symptome im Internet anschauen. Sie können sich auch an mich wenden. Ich habe einen Fragebogen auf der Basis der Diagnostik für eine posttraumatische Belastungsstörung entwickelt, der klärt, ob so eine Erkrankung vorliegen könnte.

Viele Frauen fühlen sich in einem Käfig von Schuld und Scham gefangen. Sie müssen die Türen aufmachen und davon berichten. Es ist menschlich, schuldig zu werden. Scham zu empfinden. Es ist menschlich, zu trauern und nach Versöhnung zu suchen, um einen Neuanfang zu beginnen.

Dr. Angelika Pokropp-Hippen

Gespräche mit betroffenen Frauen

„Ich habe gedacht,
du machst es weg
und bist das Problem los."

Johanna

Johanna (Name geändert) wird 1954 geboren und wächst in Bremen auf. 1973 geht sie vom Gymnasium ab und beginnt ein Studium an der Textil-Fachhochschule. Nach Abschluss wird sie für knapp zwei Jahre in einer Bekleidungsfirma angestellt. 1978 bringt sie ihr erstes Kind zur Welt, zwei Jahre später das zweite. Ab 1987 versucht sie den Wiedereinstieg in die berufliche Tätigkeit und arbeitet seit 1991 als Verwaltungsangestellte. 2013 wird Johanna Großmutter.

Zu diesem Gespräch begleitet mich Doris. Sie recherchiert für das Projekt und hat Johanna über ihre Gynäkologin kennengelernt und schon einige Male mit ihr telefoniert. Wir fahren zu ihr nach Hause. Ein weißes Einfamilienhaus mit leuchtend blauen Türen und Fensterrahmen lädt uns freundlich ein. Eine mädchenhaft jung wirkende Frau öffnet die Tür: Johanna. Sie sieht viel jünger aus, als sie ist. Ihre Kleidung ergänzt diesen Eindruck: bordeauxroter Strickpullunder, darunter ein weißes T-Shirt, Jeans. Der geblümte Knitterschal greift das Bordeauxrot auf. Johanna trägt ihr mittelblondes Haar glatt in Kinnlänge. Ein lockerer Pony bedeckt ihre Stirn. Mit ihren grün-braunen Augen sieht sie uns offen und doch abwartend an. Wir wissen, dass sie sich zu diesem Gespräch durchgerungen hat. Noch ist sie skeptisch, was sie erwartet.

Auf dem Weg ins Wohnzimmer fällt mir die Anrichte ins Auge. Aus den Zwanzigerjahren, tippe ich, aus lebhaft gemasertem Eschenholz, an den Seiten mollig abgerundet und mit großflächigen Schnitzereien. „Ein Erbstück aus unserer Familie. Haben wir renovieren lassen." Wir bewundern das Schmuckstück und setzen uns an den großen Esstisch mit Blick in den kleinen, winterlichen Garten. Nachdem dampfender Ingwertee auf dem Tisch steht, beginnen wir mit der Frage nach ihrer Kindheit.

„Ich bin das dritte Kind, eigentlich das vierte. Das dritte Kind hat eine halbe Stunde gelebt und ist dann gestorben. Ich habe zwei ältere Brüder, und eine ältere Schwester aus der ersten Ehe meines Vaters, aus der auch der schöne Schrank stammt." Sie lacht. „Ich war nicht geplant. Das war alles äußerst ungünstig: Mein Vater wurde arbeitslos, meine Eltern bauten ein Haus und dann kam ich." Sie lacht verlegen und sucht nach Worten. „Ja, damals war an so was nicht zu denken." (Anmerkung: Johanna meint eine Abtreibung.) Wir würden gern erfahren, wann ihre Mutter mit ihr darüber gesprochen hat. „Och, da war ich noch klein. Dass ich eigentlich nicht bestellt war, jaja, ich war nicht bestellt. Jedenfalls: Ich bin da." Wir lachen zusammen. „Gott sei Dank!" „Ich habe eigentlich 'ne wohlbehütete Kindheit gehabt. Es gab auch nie so ein Konkurrenzdenken zu meinen großen Brüdern. Ich war immer sehr wissbegierig. Ich konnte bereits lesen, als ich in die Schule kam, und ich wäre auch gern – bin im Juni geboren – ein Jahr früher in die Schule gegangen. Das wollte meine Mutter nicht. Ich habe von den Matheaufgaben die ganze Seite gemacht, nicht nur das Kästchen, das wir aufhatten. Dafür habe ich Schelte eingesteckt von der Lehrerin, weil ich schon wieder vorgearbeitet hatte. Heute wäre das kein Problem. Die Montessori-Methode wäre ein Paradies auf Erden gewesen. Irgendwann kippte das: Im Gymnasium musste ich dann wegen zwei Fünfen in Sprachen die Ehrenrunde drehen. Hatte hinterher nicht mehr so richtig Lust und bin abgegangen. Habe Fachoberschule gemacht und mich in Richtung Bekleidung orientiert."

Wie stand es mit den Wertevorstellungen in der Familie? „Also, Pünktlichkeit, das war in den Fünfziger-, Sechzigerjahren sehr wichtig, und dass man gehorchte. Die Eltern hatten eh' immer recht." Sie lacht. „Mein Vater hat die Sonntage viel mit uns Kindern verbracht, wir sind spazieren gegangen, wie es früher so üblich war. Ansonsten war der Vater nicht so präsent, er musste lange arbeiten. Auch samstags. Wir sind evangelisch erzogen worden. Nicht streng gläubig, aber in die Kirche ging man auch während des Jahres und nicht nur zu Ostern und Weihnachten. Meine Eltern sind altersmäßig zehn Jahre auseinander. Meine Mutter war viel offener. Mein Vater hat mir gesagt: ‚Wehe, du kommst nach Hause und kriegst ein Kind, dann schmeiße ich dich raus.‘ Als ich mit unserer Tochter schwanger wurde – ich hatte immerhin eine Ausbildung, Arbeit, einen netten Partner – war er erst mal ein Wochenende lang sauer auf uns. Bis er meinem Mann dann das Du anbot." Sie lacht jetzt herzlich.

Wurde Johanna von den Eltern aufgeklärt? „Ne, sexuelle Aufklärung habe ich nie erhalten, das gab's zu unserer Zeit noch nicht so. Ich habe gefragt, wo die kleinen Kinder herkommen, ob die wirklich der Storch bringt. ‚Ja, das erzähl' ich dir dann mal später.‘"

Uns interessiert, wie Johanna sich ihr späteres Leben vorgestellt hat. „Also, das ist eine überraschende Frage für mich. Ich habe mir als Kind oder Jugendliche nie Vorstellungen gemacht, wie ich als Frau sein würde. Aber ich wusste von Anfang an, dass ich auf alle Fälle einen Beruf haben wollte. Vielleicht irgendwann mal Familie. Ich kam bei den Jungs ganz gut an. Ich war ganz nett und hübsch."

Wie verlief ihr Berufsausbildung? „Ich habe Textil- und Bekleidungstechnik studiert und wollte eigentlich ein Modell-Atelier eröffnen, wo man schöne Stoffe verkaufen kann und Nähmaschinen stehen hat. Die Frauen kommen und man gibt Hilfestellung oder auch Kurse. Ich habe dann nach meinem Abschluss in dem Bereich gute anderthalb Jahre gearbeitet, aber aufgehört, als ich schwanger wurde. Da mein Mann noch in Kassel studierte, habe ich gesagt: ,Okay, ich ziehe jetzt nach Kassel und gebe eben meinen Job auf.'"

Wann hat sie ihren Mann kennengelernt? „Da war ich einundzwanzig. Während der ersten Schwangerschaft haben wir geheiratet. Das war zwar 'ne Muss-Heirat, aber es war einfach dieses Bauchgefühl da: Es passt. Wenn ich da im Zweifel gewesen wäre, hätte ich meinen Mann nicht geheiratet. Und außerdem war mir klar: Wenn ein Kind, dann auf alle Fälle ein zweites, und das direkt hinterher. Ich fange nicht in fünf Jahren noch mal neu an. Zwanzig Monate sind sie auseinander. Ja, und dann hat sich eben das dritte ungeplant angekündigt."

Wie kam es dazu, dass sie diesmal ungewollt schwanger wurde? „Das weiß ich leider auch nicht. Das war der Heilige Geist. Wie das so ist. Das passiert schon mal. Ich habe es von Anfang an geahnt. Mein Mann war sehr betroffen, weil dieses dritte Kind überhaupt nicht passte. Ich hätte ein drittes eigentlich noch ganz gut gefunden, aber mein Mann nicht. Zumindest nicht zu dem Zeitpunkt. Aufgrund der Situation in seinem Büro war es schon abzusehen, dass er arbeitslos werden würde. Und auch ich war mit den zwei aktiven Kindern ordentlich gefordert. Seine größte Sorge bestand darin, dass er das finanziell nicht stemmen kann. Das war so ein Dilemma, als ich merkte, dass er ziemlich dagegen war. Und hinzu kam, dass ich bei beiden Schwangerschaften vorzeitige Wehen hatte.

Ich musste bei meiner Tochter drei Wochen lang liegen. Bei meinem Sohn haben sie mir den Muttermund zugenäht. Da darf man nicht schwer heben. Zwei kleine Kinder, die ich wickeln musste, und dann noch ein drittes. Also, das wäre schon hart geworden." Gab es ausführliche Gespräche zwischen ihrem Mann und Johanna? „Ich glaube, das hab' ich dann mit mir allein ausgemacht. Mein Mann hat mir immer wieder aufgezeigt, dass das alles schwierig wird, wenn er seinen Job verliert. Er hatte einfach existenzielle Ängste. In einer anderen Situation hätte er auch anders entschieden." Stand die Schwangerschaftsberatung Johanna zur Seite? „Das wäre gut gewesen. Nein, das war in dem Sinne keine Beratung. Sie hätten mir verschiedene Möglichkeiten und Hilfen finanzieller Natur aufzeigen können. Wenn es Institutionen gegeben hätte, die Wege bieten, wie es mit einem dritten Kind gehen kann, hätte ich mich vielleicht für das Kind entschieden."

Ich erkläre, dass es vom Gesetz vorgeschrieben ist, beide Möglichkeiten zu besprechen. „Ja, aber ich bekam ja keine Hilfestellung."

Hat Johanna mit anderen Familienmitgliedern darüber gesprochen? „Nein, das weiß keiner. Mit meinen Brüdern hätte ich sowieso nicht drüber reden können. Mit meiner Schwester auch nicht, und mit meiner Mutter sowieso nicht. Das wäre undenkbar gewesen. Meine Mutter hatte ein Kind verloren, es war ein Fehler der Hebamme. Das Kind lag falsch herum und ist am Fruchtwasser ertrunken. Ich war ein Kind, das nicht gewollt war. Mein Mann ebenfalls. Ich konnte nicht zu ihnen gehen und sagen:

‚Hallo, Leute, ich mach das mal.' Das wäre ein Ding der Unmöglichkeit gewesen."

Wie kam es dann zum Entschluss? „Ich habe das für mich beschlossen: ‚Ich bin die Stärkere. Ich kann das besser ab, als das Kind einfach zu bekommen, und mein Mann macht mir dann hinterher Vorwürfe.' Was aber dann danach kam, dieser Horror, das hätte ich mir im Traum nicht vorgestellt. In dem Moment, als ich mich dazu durchgerungen hatte, habe ich das alles arrangiert. Ich habe mir telefonisch die Papiere besorgt und bin dann nach Bremen. Ich fühlte mich stark: ‚Das schaffst du!' Ich habe für mich diesen Part in Anspruch genommen, aber es war dann doch nicht so."

Wir wundern uns über den Abtreibungsort Bremen, einige Stunden von ihrem damaligen Wohnort entfernt. „Ich wollte es nicht hier vor Ort machen lassen. Dieses Jeden-Tag-vorbeigehen-müssen hätte ich nicht ertragen. Das war so intuitiv: ‚Einfach weit weg. Ich lass' das alles dort, und hier lebe ich.' Ich bin allein mit dem Zug gefahren. Mein Mann brachte mich zur Bahn. Ich kenne Bremen, ich bin dort zur Schule gegangen. Der Ort war mir vertraut, irgendwie ein bisschen Heimat. Ich war zuerst hier im katholischen Krankenhaus. Dusselig wie ich bin, habe ich gefragt, ob die das da machen würden. Der Gynäkologe sagte nur: ‚Wir sind ein katholisches Krankenhaus.' Über ProFamilia hatte ich gehört, dass es in Bremen so etwas gibt. Es wurde ambulant durchgeführt. Insgesamt mögen das vielleicht zwei Stunden gewesen sein. Der Eingriff selbst ist ganz kurz, vielleicht zehn Minuten; es wurde abgesaugt. Es hat richtig geziept und gezwackt und wehgetan. Ich war danach einfach nur erleichtert, dass ich alles hinter mir hatte und dachte: ‚So, jetzt sind alle Probleme gelöst.' Ich wusste nicht, dass jetzt erst Probleme kommen. Als ich aus der Klinik rausging, merkte ich schon beim Laufen, dass es in mir zog und mir immer schlechter wurde. Ich habe mich dann ins Café am Bahnhof gesetzt und auf meinen Zug gewartet. Es ging mir stündlich schlechter. Ich hatte wahnsinniges Ziehen im Bereich der Eierstöcke. So, als würde man Wehen bekommen, Unterleibsschmerzen ohne Ende. Das wurde auf der Rückfahrt immer mehr. Mein Mann holte mich ab. Mit den Kindern. Er hat mich in den Arm genommen. Auch er hat nicht damit gerechnet, dass nun eine schwere Gefahr auf uns zukommt. Zu Hause habe ich mich ins Bett gelegt, zusammengekringelt und die Decke über den Kopf gezogen. Ich zog mich immer mehr zurück, auch von meinem Mann. Ich konnte seine Berührungen nicht mehr ertragen. Ich fiel in eine Depression."

Wir bitten sie, das Gefühl genauer zu schildern. „Ja, so eine tiefe Traurigkeit war das. Ich kann es eigentlich nicht näher beschreiben. Da war wenig Kommunikation. Ich habe zugemacht. Wir haben nicht mehr darüber gesprochen."

Johanna bewegt ihre Erzählung, sie möchte eine kleine Pause machen. Mir geht Folgendes durch den Kopf: Diese Traurigkeit und auch die Ablehnung des Partners, könnte das von dem Gefühl herrühren: „Du hast das Kind nicht gewollt"?

Johanna bejaht. Eine Art Schuldzuweisung? „Schuldzuweisung ist das falsche Wort ... Im Endeffekt war es ja meine Entscheidung. Ich hätte es ja nicht machen müssen, er hätte mich ja nicht hingeprügelt. Aber im Hinterkopf war: Ich hätte gern drei gehabt. Ich habe gegen meinen Willen gehandelt." Nach einer kurzen Pause erinnert sie sich weiter. „Ich hatte die Kinder zu versorgen, sie waren zu dem Zeitpunkt beide noch nicht im Kindergarten. Ich habe nur funktioniert, habe meine Sachen gemacht. Mein Mann kam mittags immer nach Hause. Das war auch für ihn 'ne ganz schlimme Phase, glaube ich. Ich bin nicht ans Telefon gegangen, tagelang. Meine Freundinnen riefen an. Ich wollte mit niemandem reden."

Gab es eine Freundin, der man sich anvertrauen konnte? „Ne, ne, ne. Wie gesagt, das weiß bis heute niemand. Das wissen nur mein Mann und ich, und jetzt Sie."

Hat sie sich überlegt, es ihren Kindern einmal zu erzählen? „Nein, das möchte ich auch nicht, weil ich immer noch denke, dass das 'ne Sache zwischen mir und meinem Mann war, und hauptsächlich mich betrifft. Was sollen die Kinder dazu sagen? Unser Sohn wird bald Vater und wollte es nicht. Es wiederholt sich manches im Leben. Meine Schwiegertochter war der Meinung, es wäre zu spät, um noch was zu machen, und ich habe mich da auch nicht eingemischt, weil ich dachte, das ist eine Sache zwischen den beiden. Als sie dann kamen und uns das erzählten, war er schon ganz stolz."

Ich überlege, ob diese Situation nicht gut gewesen wäre, von der eigenen Abtreibung zu sprechen und den damit verbundenen Konflikten. „Nein, da würde ich nur Wasser auf die Mühlen geben. Das ist jetzt sowieso erledigt, nächsten Monat kommt unser Enkelkind."

Wir haben den Gesprächsfaden verloren und möchten zurückkommen auf die Zeit nach der Abtreibung. „Wir haben nur noch über das Alltägliche gesprochen, was die Kinder anbelangt. Sonst lief bis auf Küsschen ‚Auf Wiedersehen' und Küsschen ‚Guten Tag' eben nichts mehr. Da war absolute Funkstille. Das dauerte etwa zwei Monate an. Dann überlegte ich, dass es so nicht weitergehen könne und schrieb ihm einen Brief. Wie ich diesen Abbruch empfunden habe und dass ich annahm, ich wäre die Stärkere, die ich danach aber nicht mehr war, weil ich völlig eingeknickt bin. Das fand er gut, er war froh und glücklich, dass wir irgendwie wieder zusammengekommen sind. Er legte mir auch seine Version noch mal dar, seine existenziellen Ängste, die bei ihm wirklich ganz, ganz oben standen. Klar, es war im Endeffekt eine Entscheidung von uns beiden. Vorrangig von ihm, weil hauptsächlich er dagegen gewesen ist. Weil ich mich doch gegen meinen Willen entschieden habe. Das ist vielleicht ein bisschen schizophren." Wir fragen Johanna, ob es ihr auffällt, dass sie zum zweiten Mal ‚gegen meinen Willen' gesagt hat. „Ja, ich hätte gern noch ein Drittes gehabt. Aber ich dachte, das Beste wäre wirklich ein Abbruch. Nach dem Brief konnte ich auch seine Nähe wieder zulassen. Es muss dann ja auch mal gut sein."

Gab es Gedanken an die Abtreibung in den Jahren danach? „Ich habe noch oft an den dritten Januar gedacht, den Abbruchstag. Das Kind wäre wahrscheinlich im August geboren worden. Ich habe immer wieder überlegt, wie alt es jetzt wohl wäre, dass es bald in die Schule käme, wie das Kind aussehen würde. Oder jetzt im

Erwachsenenalter: ‚Dieses Jahr wird es Dreißig.' Mit meinem Mann habe ich nicht darüber gesprochen. Er ist eher Realist und wärmt das nicht immer wieder auf."

Hat Johanna auch eine Vorstellung, ob es ein Mädchen oder ein Junge geworden wäre? „Ja, ich bin eigentlich fest davon überzeugt, dass es ein Mädchen war. Ich wusste immer ziemlich genau, wann mein Eisprung ist, und man sagte, um den Eisprung wird es ein Junge und davor oder danach ein Mädchen. Da war ich eben der Meinung, es müsste ein Mädchen sein."

Wann begann für Johanna der Wunsch, die Abtreibung aufzuarbeiten? „Für mich war das damals nur ein Zellklumpen, der sich wie ein Pilz entwickelt. Aber dann habe ich in Oberhausen eine Ausstellung gesehen: ‚Magische Orte'. Dort haben sie ein Bild von einem drei Monate alten Embryo gezeigt, der war fix und fertig. Ich konnte es nicht glauben: ‚So was hast du gemacht?' Das war das erste Mal, dass ich ein schlechtes Gewissen bekam. Mir war bis dahin nicht wirklich klar gewesen, dass das wirklich schon ein kleiner Mensch ist, das muss ich ehrlich gestehen."

Kann sie die Ausstellung genauer beschreiben? Johanna steht auf und geht zum Bücherregal. Sie sucht den Ausstellungskatalog. „Heute, wenn ich die Ultraschallbilder meiner Schwiegertochter sehe, bin ich ganz verblüfft. Da kann man das fertige Kind ja fast erkennen." Johanna findet das Bild. „Ach so, 26. Woche, steht da. Das ist natürlich schon eine Ecke weiter." Sie zeigt uns das Foto: Es ist eine der weltberühmten Aufnahmen von Lennart Nilsson, der einen Embryo in der Gebärmutter fotografierte. Es wirkt sonnendurchstrahlt. Das pralle Leben. „Ja, das hat mich umgehauen. Diese plötzlichen Gefühle, die kommen und gegen die man sich nicht wehren kann. Es lässt sich eben nicht einfach sagen: ‚So, weg jetzt mit euch. Ich mache mein Leben weiter wie bisher‘, das ging nicht." Wir haben noch nicht über die Seele gesprochen. Wie denkt Johanna darüber? „Also, für mich hatte dieser Zellklumpen zu dem Zeitpunkt noch keine Seele. Es wird erst mit der Geburt ein Kind." Welche Einstellung hat Johanna heute zur Abtreibung? „Heute würde ich doch mehr darauf achten, dass ich Hilfe bekomme. Ich glaube, wenn ich heute vor dieser Situation stehen würde, hätte ich mich anders entschieden." Johanna berichtet, dass sie ihrem Mann von unseren Gesprächen erzählt hat. Er gestand ihr, dass er die Jahre über auch immer wieder daran denken musste. „Das hat mich sehr erstaunt. Er hat nochmals wiederholt: ‚Es war einfach diese damalige Situation. Ich habe die Arbeitslosigkeit vor Augen gesehen, und eine Familie mit schon vier Nasen und dann käme noch eine hinzu.'" Warum macht Johanna bei diesem Projekt mit? „Weil es untergründig am Rumoren war. Ich habe ja noch nie mit jemand anderem darüber gesprochen, das war dieses Verschüttete. Ich dachte: ‚Ach, vielleicht tut es dir gut.‘ Ich hatte zwar Bammel, aber schon nach dem ersten Gespräch mit Ihnen ging es mir wirklich besser. Ich hatte das Gefühl, irgendwie ist ein Knoten geplatzt. Ich bin kein Mensch, der sich in solchen Dingen öffnet, deshalb war das schon ein Angang für mich, das muss ich ganz ehrlich sagen. Ja, ich finde es jetzt auch schön, dass wir es gemacht haben, dass wir das abschließen können."

„Ich fühle so eine Traurigkeit in meinem Bauch.“

Anna

Anna (Name geändert) wird in Bergneustadt geboren. Nach dem Abitur 1974 studiert sie zunächst Deutsch und Kunstpädagogik, orientiert sich nach einigen Semestern um und nimmt zwischen 1975 und 1980 an Kursen, Seminaren, Theaterprojekten und Tanzworkshops teil, arbeitet im ersten Frauenzentrum Wuppertals mit und organisiert Frauenfilmtage an der Uni. In dieser Zeit jobbt sie als Briefträgerin, Putzfrau und Friedhofsgärtnerin. 1980 zieht sie nach Düsseldorf und macht eine Ausbildung zur Atemtherapeutin. 1982 wird ihr Sohn geboren. Ab 1987 studiert sie Sozialpädagogik und Diplom-Pädagogik mit Schwerpunkt Gesundheitsbildung. Diese Studiengänge schließt sie jeweils mit dem Diplom ab. Mit dem Ende der Partnerschaft 1995 bleibt der dreizehnjährige Sohn beim Vater. Danach arbeitet sie freiberuflich in verschiedenen Bereichen sozialpädagogischer Beratung. 2006 erkrankt Anna an einer schweren Depression, die zunächst zur Erwerbsminderung und schließlich zur Frührente führt.

Ich lernte Anna in einer Coffee-Bar in Düsseldorf kennen. Sie saß da mit ihrem Computer und schrieb. Wir kamen schnell ins Gespräch. Sie erzählte mir, dass sie gerade ein Konzept für eine Stadtführung ausarbeitet. Das ginge neben der Frührente, denn sie wäre wegen Depressionen schon lange arbeitsunfähig geschrieben.

Als sie von meinem Beruf und meinem neuen Projekt zum Thema Abtreibung erfährt, gibt sie sich als eine „Solche" zu erkennen, ist aber noch unschlüssig, ob sie für ein Interview bereit ist. Wochen später kommt ihre Entscheidung: „Ich mach' das mit dir."

Sie möchte nicht, dass das Interview bei ihr stattfindet und kommt zu mir in meine Wohnküche. Ihre Haare sind heute zu einem Dutt nach hinten gesteckt, sie trägt einen langen grauen Schlabberrock und einen Pulli in einer anderen Grauschattierung. Ihre Augen funkeln. Sie wirkt wie eine Gouvernante, die ihren Kindern eine spannende Geschichte erzählen will.

„Meine Eltern waren wegen des Kriegs im Oberbergischen gelandet. Dort bin ich geboren und in einem schönen alten Fachwerkhaus aufgewachsen. Ich bin lange Einzelkind gewesen. Als mein Bruder zur Welt kam, war ich viereinhalb. Auf der einen Seite hatte ich eine sehr fürsorgliche Mutter, sehr fürsorgliche Eltern. Aber andererseits gab es auch viele Probleme: Meine Mutter war eine durch den Krieg traumatisierte Frau, und mein Vater hat eine sehr von Gewalt geprägte Kindheit erlebt. Dies hat die Beziehung meiner Eltern und den Umgang mit mir und meinem Bruder belastet.

Meine Mutter hat auf uns Kindern Gegenstände zerschlagen. Ich erinnere mich sehr gut daran, dass mein Bruder und ich, er war etwa fünf und ich neun, ihre ganzen Kochlöffel zusammengesucht und in unserem Kinderzimmer hinter den Kleiderschrank geworfen haben, als sie einkaufen war. Für mich war es schwierig, diese Zwiespältigkeit zu erleben, denn meine Mutter hatte auch eine gute Seite: Mit sehr viel Liebe hat sie die Familienfeste vorbereitet und Geschenke angefertigt. Sie hat auch unglaublich viel gesungen mit mir, von früh bis spät. Dazu kam, dass mein Vater sie wenig wertschätzte. Ich kann mich nicht an ein gutes Wort von meinem Vater meiner Mutter gegenüber erinnern."

Wir sprechen darüber, wie stark ihre Kindheit Auswirkungen auf ihr Frausein hatte. Anna nimmt einen tiefen Schluck aus dem Wasserglas. „Ich hatte als Kind keine Zukunftspläne. Auch als junges Mädchen habe ich mir nie vorgestellt, einmal zu heiraten und Kinder zu haben ... dafür war die Ehe meiner Eltern einfach zu unglücklich, sodass ich dachte, eine Hochzeit sei keine Option. Mit der Pubertät wurde ich dann eine schwierige Person: Ich habe irgendwann angefangen, mich zu wehren, habe gemerkt, dass ich in dieser ganzen Situation zu kurz komme. Den ersten Freund hatte ich mit sechzehn. Von ihm habe ich mich dann wieder getrennt, weil er davon durchdrungen war, Frauen seien zweitrangig. Außerdem wollte er mit mir intim werden, doch ich hatte das Gefühl, dass ich noch nicht so weit war. Ich habe mir diese Wertschätzung nicht gegeben, zu sagen: ‚Bitte warte. Bleib bei mir, ich bin noch nicht so weit'. Vor dem Abitur mussten wir aufschreiben, was wir uns für die Zukunft wünschten. Das waren nachrevolutionäre Zeiten, und ich gab an, dass ich gern mit mehreren Männern leben wollte. Das war so eine Idee von offenen Beziehungen. Ich hatte dann auch berufliche Ideen und Wünsche, ich wäre zum Beispiel gern Filmemacherin geworden oder Psychotherapeutin. Obwohl ich später ein ganz gutes Abitur machte, hab ich mir das nicht zugetraut. Ernstzunehmende Gesprächspartner waren meine Eltern nicht und die problematische Situation in der Familie wurde selbstverständlich nicht nach außen getragen. Später in meinem Leben bin ich an einer schweren Depression erkrankt. Ich hatte immer wieder Probleme bei den Lebensveränderungen: in der Pubertät, am Übergang von der Schule zum Studium, mit dem Einstieg ins Berufsleben. Immer wenn solch eine neue Lebensphase anstand, geriet ich in Schwierigkeiten."

Wie war es mit der sexuellen Aufklärung? „Im Schulunterricht gab's welche. Allerdings ist auch in der Hinsicht in meinem Elternhaus was Blödes passiert. Als ich mit vierzehn konfirmiert wurde, haben meine Eltern die Wohnung renoviert und für einige Tage unsere Doppelstockbetten ins Schlafzimmer gestellt. Eines Abends habe ich miterlebt, wie mein Vater mit meiner Mutter geschlafen hat, und ich habe nicht gewagt, mich bemerkbar zu machen. Die ganze Sexualität war so ein Tabu; man musste so tun, als gäbe es das alles gar nicht. Das war eine traumatische Situation. Im psychischen Sinne hat mein Vater mich damit entjungfert. Er ist so lieblos gewesen, hat sich nur einmal kurz über meine Mutter gerollt, die dann gesagt hat: ‚Nicht, nicht!' Darüber konnte ich mit meinen Eltern nicht reden, ich habe es bis heute nicht mit ihnen besprochen."

Anna schüttelt sich bei dem Gedanken an das Erlebnis. Ich frage sie, ob dies ihre Einstellung zur Sexualität beeinflusst hat. „Ja, vermutlich. Mein Vater hat meine Mutter einfach nur benutzt. Ich finde das auch heute noch ganz, ganz schrecklich. Die Konflikte eskalierten dann in einer Situation, die mich dazu bewog, mein Elternhaus still und heimlich zu verlassen. Es war ein ganz banaler Anlass: Mittagessen, es gab Pellkartoffeln. Mein Bruder wollte sie mit der Schale essen, was meine Mutter ihm nicht gestattete. Er hat darauf bestanden und sie hat schließlich versucht, ihn mit Schlägen daran zu hindern. Da bin ich dazwischen gegangen und habe ihn vor ihr beschützt. Ich bekam Hausarrest, durfte nur in die Schule gehen. Da war ich achtzehn. Als ich das nächste Mal das Haus verlassen durfte, bin ich nicht mehr nach Hause zurückgekommen, sondern zu einem Freund geflüchtet. Er erzählte mir von einer Wohngemeinschaft in Düsseldorf. Meine Eltern wussten nicht, wo ich war. Ich ließ mich doch nicht einsperren! Eigentlich wollte ich damit ein Gespräch erzwingen. Als ich mich bei meinen Eltern meldete, haben die beiden mir Briefe geschrieben. Sie seien kein Hotel und ich könnte nicht kommen und gehen, wie ich wollte. Ich müsse mich auch am Familienleben beteiligen. Vorwürfe, die gar nichts mit dem Thema zu tun hatten. Sie waren so herzlos. Dieser Freund fragte schließlich bei der Wohngemeinschaft an und sie sagten, ich könnte kommen und mich vorstellen. Gesagt, getan. Ich bin gleich eingezogen."

Ich stelle mir diese achtzehn Jahre junge Frau vor, die plötzlich völlig selbstständig in einer WG wohnt. Anna bezeichnete dies als einen Hilfeschrei. Da sie kein Gehör fand, war sie in jungen Jahren auf sich allein gestellt. „Das war zum Jahreswechsel 1973/74. Es stand ja auch das Thema Sexualität an. Ich wollte endlich meine Jungfernschaft loswerden. Da hab ich mir einen Besucher der Wohngemeinschaft ins Bett geholt, der auch auf die gleiche Schule ging wie ich. Das war ein netter Typ. Ich weiß noch, wie perplex er gewesen ist, als er merkte, dass ich noch Jungfrau war. Am nächsten Morgen traf ich ihn im Schulbus. Ich habe nie wieder ein Wort mit ihm gewechselt. Mit dem nettesten der Männer, die in meiner WG wohnten, fing ich dann 'ne Beziehung an – und bin prompt schwanger geworden. Da war Holland in Not. Zur damaligen Zeit gab es keine Fristenlösung. Es sickerte aber schon durch, wurde langsam öffentlich. Man musste damals nach Holland fahren, dort gab es diese Abtreibungskliniken.

Ich war achtzehn Jahre alt, hatte gerade mein Abitur gemacht. Es war der Sommer vor dem Studienbeginn. Ich wollte dieses Kind nicht, das war ganz klar. Ich kannte den Mann auch nicht gut genug. Mein einziger Gedanke war: ‚Wie kann ich diese Schwangerschaft jetzt wieder loswerden?‘ Ich ging zu meinem Frauenarzt, und der sagte: ‚Ja, tut mir leid, da kann ich Ihnen nicht helfen.‘ Ich wusste erst mal nicht, was ich machen sollte. Mir war klar: Die Zeit vergeht und irgendwann ist Schluss. Mein Bauch nahm schon Formen an. Ich besuchte noch einen anderen Frauenarzt, der mir dann den Arzt in dem Krankenhaus in der Stadt empfahl. Der hat Abtreibungen vorgenommen; das war so 'ne Art offenes Geheimnis. Ich bin postwendend hingegangen. Der Arzt fragte zwar nach, ob ich sicher sei und es keinen anderen Weg gäbe, doch ich habe gesagt, nein, gibt es nicht. Dong.

Die Nacht nach dem Eingriff war eine der schrecklichsten oder gar die schrecklichste meines Lebens. Als ich wieder aufwachte, ging das Drama los. Ich war voller Angst und Panik und Schmerz. Ich lag in diesem Krankenhausbett und habe immer nur gejammert: ‚Wo ist mein Baby, wo ist mein Baby?‘ Ich wollte dieses Kind sehen. Ich habe mich immer gefragt, was jetzt damit gemacht worden ist. Ich hatte das Gefühl, ich habe ein grauenvolles Verbrechen begangen.

Vor der Abtreibung dachte ich, danach wäre ich ein Riesenproblem los. Doch das Gegenteil ist eingetreten. Ich fand mich wieder in tausend Nöten. Ich erinnere mich noch an das Gespräch mit dem Arzt, der zu mir sagte, das Kind sei schon sehr groß gewesen. Wahrscheinlich war ich schon im vierten oder fünften Monat.

Nachdem mein Freund mich aus dem Krankenhaus abgeholt hatte, fuhren wir durch blühende Rapsfelder. Ich habe diese Weite der Landschaft, dieses leuchtende Gelb, diesen blauen Himmel unglaublich dankbar wahrgenommen: Das Leben war noch da. Es blühte, es leuchtete, es gab Weite, es gab Raum, es war nicht alles zu spät und nicht alles zu Ende.“

Ich frage Anna, ob sie sich schon damals schuldig gefühlt hatte. „Auch wenn ich erst achtzehn war, auch wenn ich durch meine lückenhafte Sozialisation gehandicapt war, fühlte ich mich trotzdem für diese Entscheidung voll verantwortlich. Ich habe ein Verbrechen begangen."

Ich hake nach, ob sie wirklich das Wort Verbrechen meint. „Das Gefühl habe ich. Das lasse ich mir auch nicht so leicht nehmen. Ich bin moralisch. Es mag vielleicht an der ein oder anderen Stelle ein bisschen übertrieben sein, aber ich finde, das macht mich als Mensch und Person wertvoll. Würde man in einem Gerichtsverfahren von ‚mildernden Umständen' sprechen – die möchte ich mir schon zubilligen. Ich möchte mich dafür nicht bis an mein Lebensende verurteilen."

Ich frage, ob sie sich allein schuldig fühlt oder ob andere Menschen auch einen Anteil an ihrer Entscheidung hatten. „Erst seitdem wir darüber sprechen, ist mir klar geworden, dass ich nicht völlig allein verantwortlich bin, sondern dass es andere Personen gab, die Verantwortung mitgetragen haben. Oder hätten sollen. Das Kind hatte auch einen Vater, und der hat sich total passiv verhalten. Die Ärzte sind sehr distanziert aufgetreten. Das entbindet mich zwar nicht von der Verantwortung, aber ich muss die unglaublich schwere Schuld nicht ganz allein auf meinen Schultern tragen."

Meine nächste Frage an Anna: Wer hat ihr bei der Entscheidung geholfen? „Das mit meiner Familie zu besprechen, stand völlig außer Frage. Mit dem Auszug aus meinem Elternhaus war ich auch aus den Verbindungen herausgefallen, alles Vertraute war plötzlich weg. Ich bin der Hoffnungsstern dieser Familie gewesen, ein sehr begabtes, intelligentes, auch tüchtiges Kind, von dem man erwartete, dass es die nächste soziale Stufe erklimmen würde. Für mich war völlig klar, dass ich keinerlei familiären Rückhalt bekommen würde. Und ich hatte auch keine so nahestehende Freundin."

Ob es realistisch gewesen wäre, das Kind zu bekommen? „Die Frage habe ich mir auch gestellt. Wenn der Arzt zum Beispiel gesagt hätte, er nähme den Abbruch nicht vor, dieses Kind sei viel zu groß – was hätte das für mich bedeutet? Ein Kind, das ich viel zu früh bekommen hätte, mit einem indifferenten, gleichgültigen Partner. Ohne jegliche materielle Sicherheit und mit dieser Stigmatisierung, soziale Leistungen in Anspruch zu nehmen?"

Anna hat genug vom Erzählen, davon, in der Vergangenheit zu graben. Das alles muss erst mal verarbeitet werden. Wir wollen uns in einer Woche wieder treffen. Gleiche Uhrzeit. Gleicher Ort.

Zweites Gespräch

Heute ist Anna sehr gesprächig. Kaum dass wir uns setzten, sprudelt es aus ihr heraus: „Nach unserem ersten Gespräch hatte ich tagelang Bauchschmerzen. Ich fühlte so eine Traurigkeit in meinem Bauch. Es war, als würde ich noch mal mit meiner Aufmerksamkeit ganz bewusst hineinfühlen, als würde der Körper es noch mal hochholen und verarbeiten."

Ich bedaure, dass das Gespräch so anstrengend war. „Ich denke, das war gut. Das Thema saß ja fest. Da hat sich etwas gelöst und damit ist es jetzt auch ein Stückchen mehr erledigt. Wirklich. Es war auch sehr wichtig für mich, diese Idee von der Schuld zu thematisieren, zu bearbeiten, was für ein schrecklich schlechter Mensch ich bin, so mit dieser Tat.

Schon während meiner Kindheit wurde mir wegen Bagatellen vermittelt, dass ich ein schlechter Mensch bin. Dass man eine kostbare, wertvolle, gute Person ist, ist wirklich das Wichtigste, das Eltern und Lehrer einem Kind mitgeben müssen. Aus dieser Überzeugung über sich selbst resultieren die Handlungen im Erwachsenenleben. Doch mir ist eingeimpft worden, ich sei ein schlechter Mensch. Ich konnte gar nicht anders handeln, weil die Bedingungen, die ich erfüllen musste, um ein guter Mensch zu sein, unerfüllbar waren. Es war sehr hilfreich, das mal so deutlich zu benennen. Bisher habe ich in meinem Leben nicht so gründlich über diesen Schwangerschaftsabbruch gesprochen."

Daraus ergibt sich für mich die Frage, wann die Aufarbeitung begann. „Das hat mich schon immer begleitet. Es gab einen zweiten Schwangerschaftsabbruch. Ich war dreiundzwanzig, Studentin und steckte in einer tiefen Krise. Die Schwangerschaft war in keiner Beziehung entstanden, ein flüchtiger Kontakt. Die Fristenregelung wurde kurz zuvor eingeführt. Das war zwar belastend, machte es mir aber sehr viel einfacher, diese Schwangerschaft zu unterbrechen. Der Unterschied bestand einfach darin, dass sich die gesetzliche Situation geändert hatte. Ich nahm das einfach sofort in die Hand und hatte nicht dieses ‚Mörderinnengefühl'. Ich holte mir eine Indikation, bin zu einem Arzt und habe diese Schwangerschaft ambulant unterbrechen lassen. Ich konnte mich davon auch sehr schnell erholen. Das war 1977."

Mich beschäftigt die Frage, ob dieses starke Gefühl, ein Leben zu beenden, diesmal weniger stark war als beim ersten Mal. „Nein, nein, nein! Das war wirklich kein Problem. Das war für mich nur so ein kleiner Zellhaufen am Anfang, ich hatte nicht so eine Beziehung wie zu einem fertig entwickelten menschlichen kleinen Körper. Wenn ich diesen zweiten Abbruch isoliert betrachte, war das eine Bagatelle."

Ab welchem Zeitpunkt wird für Anna der Zellhaufen zu einem Kind, möchte ich erfahren. „In dem Moment, wenn man diesen Körper ganz klar erkennen kann. Kopf und Arme und Beine."

Die dritte Schwangerschaft war wieder ungewollt. Was sagt Anna dazu? „Ich wurde ein drittes Mal ungeplant schwanger, allerdings in einer recht gefestigten Beziehung und mit einem Mann, den ich mir sehr gut als Vater vorstellen konnte. Eine Woche lang stellte ich mir vor, ich würde das Kind nicht bekommen, und fragte mich, wie es mir damit ginge. Daraufhin brach die totale Düsternis und Depression aus. Dann bin ich eine Woche lang mit dem Gedanken schwanger gegangen, ich bekäme dieses Kind, und da brach die totale Freude aus. Es war klar: Ein dritter Schwangerschaftsabbruch? Auf keinen Fall.

Zu dem Zeitpunkt war ich sechsundzwanzig. Ich habe dieses Kind bekommen und bin damit auch bis heute sehr glücklich. Er ist ein großartiger Mensch geworden, mein Sohn. Es ist ein besonderes Geschenk, das Leben weitergeben zu dürfen, weil es über die Qualität der Zukunft entscheidet. Ein Kind ist immer auch eine Verheißung, etwas tief Menschliches. Bei allen Schrecken, die sich durch die Menschheitsgeschichte ziehen, ist die künftige Generation immer auch die Chance einer Weiterentwicklung zu etwas Besserem, und das ist unendlich kostbar.

Dass mich mein erster Schwangerschaftsabbruch innerlich noch einmal so beschäftigt, geschah in den letzten Jahren. Das hat sicherlich auch mit einer tiefer gehenden persönlichen Reifung zu tun. Vielleicht habe ich jetzt erst die Kraft und das Standing: Je älter ich werde, desto ungeheuerlicher finde ich diese Tat. Dass ich zwei Leben daran gehindert habe, sich zu entwickeln. Dass es zwei tolle Kinder hätte geben können.

Inzwischen kann ich mir das sehr gut verzeihen. Aus allen tiefen Erfahrungen des Lebens muss immer etwas resultieren. Ich erwarte von mir, dass ich daraus gelernt habe. Ich engagiere mich ehrenamtlich für den Kinderschutzbund. Ich nehme diese Verpflichtung wahr, weil ich ein großes Unheil angerichtet habe, das mich zur Wiedergutmachung verpflichtet.

Mich beschäftigt, welche belastenden Gefühle in meinem eigenen Inneren entstanden sind. Ich habe da zwei Blickwinkel: Zum einen hat jede Spezies als oberstes Ziel ihre Arterhaltung. Das ist Biologie. Und gegen dieses oberste Ziel habe ich verstoßen. Diese schrecklichen Gefühle, die damit verbunden sind, resultieren biologisch aus diesem Verstoß gegen das Gesetz der Arterhaltung, sind also ganz natürlich und normal, gehören einfach dazu. Zum anderen hatte ich eine sehr bigotte Mutter, die immer die

Moral der Kirche und die zehn Gebote hochhielt. Vor jedem Essen wurde gebetet und jeden Sonntag ging ich mit meinem kleinen Bruder zum Kindergottesdienst. Ob meine seelische Not aus dieser scheinheiligen, falsch verstandenen, überzogenen Moral entstanden ist? Ich frage mich, ob ich sie wenigstens hätte begraben müssen. Die Anthroposophen halten für die Fehlgeburten Messen ab."

Ich erzähle ihr, dass ich davon gehört habe, dass man heute Kinder begraben kann, die abgetrieben wurden. Und dass man auch eine Urkunde bekommen kann. Allerdings nicht in den ersten fünf, sechs Wochen. Ich weise darauf hin, dass Frauen den Ungeborenen oft einen Namen geben und mit ihnen sprechen. Spricht Anna mit den Ungeborenen? „Nein, das tue ich nicht."

Haben es Frauen heute leichter, wenn sie abtreiben? Anna überlegt lange. „Es sieht ja so aus, als sei nun alles bestens geregelt: die Fristenlösung, die Beratungsmöglichkeiten. Alles scheint so wunderbar geregelt ... Das ist es aber überhaupt nicht, finde ich. Die Frauen, die sich gegen ihre Schwangerschaft entscheiden, brauchen später oft eine psychologische Beratung, Traumata können entstehen. Es muss der Gesellschaft klar sein, dass dies ein Thema ist, das einen ein Leben lang begleiten kann. Das kann immer wieder aufflammen und für eine Verarbeitung braucht es immer wieder Unterstützung. Ich habe es durchgemacht, habe es ab-gelitten und abgetrauert. Aber das hat Jahre gedauert und dauert noch an – aber mit einer gewissen Leichtigkeit. Dafür musste ich sehr viel nachdenken, sehr viel lesen und kann mittlerweile sogar Gespräche führen."

„Mir hätten Gespräche weitergeholfen.
Ganz viele Gespräche
und ein bisschen mehr Wärme."

Alexandra

Alexandra (Name geändert) wird Anfang der achtziger Jahre geboren und wächst im Ruhrgebiet auf. Nach bestandenem Abitur beginnt sie, Medizin zu studieren. Es folgen Auslandsaufenthalte. Sie verzichtet auf weitere Hinweise zu ihrem beruflichen Werdegang oder zu Lebensumständen, da sie in keinem Fall wiedererkannt werden möchte.

Vor fast einem Jahr hatten wir uns schon einmal in einem Café getroffen. Auch dieses Interview findet auf neutralem Boden statt. Alexandra, eine kleine Person mit starker Präsenz, sitzt mir gegenüber. Sie spricht lebhaft und engagiert. Ihre blauen Augen blitzen vor Lebenslust. Sie möchte sich mit ihren Erfahrungen einbringen, um anderen Frauen zu helfen.

„Meine Kindheit bis zum vierzehnten Lebensjahr ist von viel Zeit bei meiner Oma und bei meinem Opa geprägt, da beide Elternteile berufstätig waren. Bis zur Scheidung meiner Eltern war meine Kindheit eigentlich ganz glücklich. Wir hatten ein großes Bauernhaus, ich konnte mich austoben. Nebenan waren Pferde, das war schön. Natur, Tiere und ganz normale Dinge. Wir sind viel verreist. Fünf- bis siebenmal im Jahr besuchten wir Kongresse, ich sah Spanien, Portugal, Italien, Schweden und die Schweiz. Ich dachte, ich könnte jede Sprache, weil ich mich mit Händen und Füßen verständigt habe." Wir lachen.

Welche Wertevorstellungen hat Alexandra aus ihrer Kindheit mitgenommen? „Opa und Oma haben mir beigebracht, dass man dankbar sein soll, dass wir hier in Frieden leben. Dass man bescheiden bleibt und unvoreingenommen anderen gegenüber ist. Dass man mit dem Herzen sieht. Zu teilen und nicht habgierig zu werden. Das war nicht immer einfach, weil ich selbst die Sachen, die ich schön fand, abgeben musste, damit ich lerne, nicht so einen Hang dafür zu kriegen. Für mich ist heute wichtig, Zeit mit anderen zu verbringen. Wirklich schöne Momente zu leben, die im Prinzip ja nichts kosten. Ein schöner Sonnenuntergang ist mir mehr wert als eine Weltreise. Wenn der Moment schön ist, ist das für mich Glück. Ich habe gelernt, dass es nicht wichtig ist, was ich anhäufe."

Gab es religiöse Einflüsse von zu Hause? „Kaum. Oma ist evangelisch, Opa katholisch, Mama und Papa evangelisch. Es ist egal, welche Religion man hat. Wichtig sind die Kernaspekte wie Herzenswärme, Nächstenliebe und Gewaltfreiheit. Man soll auch in Worten keine Gewalt ausüben. Mir wurde selbst überlassen, was ich davon annehmen möchte."

Gab es für die junge Alexandra frauliche Rollenbilder? „Meine Mutter hat mich so erzogen: ‚Sieh zu, dass du selbstständig bist, dich nicht abhängig machst. Dass du immer guckst, wie du dir selbst treu bleibst. Mach nicht den Fehler und ordne dich einem Mann unter. Der kann sich morgen umentscheiden. Wenn du dich finanziell und gefühlsmäßig abhängig machst, bist du ganz schnell in einer Situation, die dir nicht gefällt.‘ Also habe ich immer zugesehen, dass ich etwas mache, was mir Freude macht. Egal, ob ich auf einem Öko-Bauernhof geholfen oder fürs Jugendamt soziale Arbeit geleistet habe."

Wir kommen jetzt zum Thema Abtreibung. „Nach dem Abitur habe ich erst mal im Ausland Erfahrungen gesammelt, mit schwerst- und mehrfachbehinderten Kindern gearbeitet. Bei der ersten Abtreibung hatte ich gerade mein Medizinstudium angefangen. Vom Kopf und Gefühl her würde ich heute immer noch sagen, ich hätte das Kind gern bekommen. Mit dem Wissen von heute hätte ich das auch locker geschafft. Aber damals war ich chronisch überfordert. Der Erzeuger des Kindes hat nicht dazu beigetragen, dass ich Ja dazu sagen konnte. Ich hätte mir einfach nur den Satz gewünscht: ‚Das schaffen wir schon, auch wenn wir kein Paar mehr sind. Ich unterstütze dich.‘ Nur ein Satz, aber der kam nicht. Deshalb habe ich mich dagegen entschieden. Es wäre alles zu schwierig geworden.“

Alexandra greift zu einem großen Kuvert, das sie schon vor Beginn des Interviews auf den Tisch gelegt hat. „Ich möchte Ihnen etwas zeigen. Ich finde, Bilder können meine Gefühle am besten ausdrücken.“ Sie zeigt mir Naturfotos aus Neuseeland. Wunderbare Sonnenuntergänge. Und Bilder mit ihrem Partner kurz vor der Schwangerschaft. „Was empfinden Sie, wenn Sie diese Fotos sehen?“ „Eiszeit“, antworte ich, und beziehe mich auf die Partnerfotos. Beide schauen unter großen Sonnenbrillen in die Ferne, als ob sie dort etwas suchten. Ich habe das Gefühl, dass sich hier zwei Menschen nicht viel zu sagen haben.

„Ja, das war auch so“, bestätigt Alexandra. „Ich war schon ziemlich weit fortgeschritten mit der Schwangerschaft, als ich zum Arzt ging. Ich habe es hinausgeschoben. Da wurde mir dann gesagt: ‚Sie sind schwanger, und wenn Sie sich dagegen entscheiden wollen, haben sie noch eine Woche Zeit.‘ Das erzählte ich meinem Partner: Ich habe jetzt eine Woche Zeit und werde jeden Tag nutzen, um darüber nachzudenken. Das tat ich dann auch: Ich sprach mit verschiedenen Bekannten und Freunden. Und fragte meinen Partner, um ein Feedback von ihm zu bekommen. Er meinte nur: ‚Du zerstörst meinen Lebensplan.‘ Es hilft einem aber nicht, wenn man weiß, noch sieben Tage, noch fünf Tage, noch vier Tage, noch drei Tage, und die andere Person immer nur sagt: ,Das musst du selbst wissen. Aber wenn du dich dafür entscheidest, ist mein Plan zerstört.'"

Ich würde gern wissen, was die Pläne ihres Partners waren. „Vielleicht die Frau fürs Leben finden, sich beruflich weiterentwickeln, keine Verantwortung übernehmen müssen? Ich weiß es nicht. Sein Plan war halt ein anderer. Ich dachte immer, er sei jemand, der einen unterstützt: ,Komm, ich hole das Kind dann vom Kindergarten ab und bringe es zu deiner Mutter' oder ,Ich habe das Kind am Wochenende'."

Waren sie gleich alt? ,Nein, er ist älter als ich, einige Jahre. Ich bin in der Abtreibungssituation wirklich nicht unfair geworden oder unsachlich."

Was wäre denn unfair gewesen, möchte ich wissen. „Wenn ich gesagt hätte, ich erwarte dies oder jenes von ihm. Ich habe wirklich versucht, eine Lösung zu finden. Als ich alles durchreflektiert hatte und zu dem Schluss gekommen bin, dass ich es allein nicht schaffe, habe ich mich bewusst dagegen entschieden. Ich wäre durch diese Person, von der ich dachte, dass ich sie kenne, mein Leben lang über das Kind erpressbar gewesen: ,Du hast mir mein Leben versaut, jetzt mach ich dir deins schwerer, als es sein muss mit dem Kind.' So habe ich es leider gefühlt und aus Gesprächen entnommen. Und wenn die Voraussetzung ist, dass nur ich das Kind möchte, wird es dreimal so schwer. Schaffe ich das? Nein, leider nicht. Er hat sich nicht einmal freigenommen, um mit zur Abtreibung zu kommen. Es war schlimm, ganz allein dahin zu müssen, allein dort zu liegen. Sodass ich zwei Jahre lang bis zur nächsten Abtreibung immer dachte: ‚Mensch, wie konnte er dich ganz allein lassen? Der mag dich ja gar nicht.‘“

Ich frage nach, ob nicht eine gute Freundin oder die Mutter hätte mitgehen können? „Das wäre möglich gewesen, aber ich war der Meinung, er hätte dabei sein müssen. Ich habe anschließend mit meinem Zuhause telefoniert und war so nicht ganz allein – aber überfordert. Ich bin immer überzeugt gewesen, man bekäme Kinder, es sei denn, es war eine Vergewaltigung oder eine Risikoschwangerschaft. Ich bin immer ein Verfechter gewesen, war der Meinung, man müsse das Kind bekommen und dazu stehen. Aber das hatte sich verändert.“

Wie kam es überhaupt zu der Schwangerschaft? „Es war ein Unfall.“

Ich würde gern noch erfahren, wie die Schwangerschaftsberatung aussah. „Ich fragte, was geschieht, wenn ich mich für das Kind entscheide. Welche Unterstützung ich als Studentin bekommen würde. Was ich machen muss, damit ich meinen Lebensunterhalt finanzieren kann. Man antwortete nur: ‚Ja, dann stehen Sie eben am Existenzminimum.‘

Ich hatte das Gefühl – und damit will ich niemandem etwas unterstellen –, dass man unerwünscht war: ‚Wenn du das Kind haben willst: Da ist die Tür, such dir irgendwo anders Hilfe. Nein? Dann sind hier der Schein und der Stempel.‘ Keiner fragte, ob ich das Kind vielleicht bekommen möchte.“

Ich bestätige Alexandra, dass ich von diesem Verhalten öfter gehört habe. Und dass Schwangerschaftsberatungen damit nicht dem Gesetz entsprechen. „Was mich an dem ganzen Thema so irritiert, ist, dass einem unterstellt wird, dieses Kind bei einer negativen Entscheidung nicht lieben zu können. Ich hatte den Eindruck, mir werden meine Gefühle abgesprochen: dass ich traurig bin, ich mich unsicher fühle, ich eigentlich jemanden bräuchte, der mich ganz fest in den Arm nimmt, mir sagt: ‚Du kannst das schaffen, wenn du das möchtest. Und wenn du das nicht kannst, ist es auch okay. Du darfst trotzdem traurig sein.‘ Das habe ich komplett vermisst. Das heißt nicht, dass ich vierzig Jahre trauern möchte, aber ich finde schon, dass man traurig sein darf und soll. Ich werde es mein Leben lang nicht vergessen. Ich hoffe, irgendwann einmal Kinder zu haben, trotzdem vergesse ich ja nicht die Momente, als ich über der Kloschüssel hing. Und auch nicht das Bild vom Ultraschall, auf dem die Schwangerschaft schon bestand. Ich habe das Bild behalten. Das macht für mich die Empfindung, die ich in dem Moment hatte, real. Ich will das nicht vergessen, es ist nun mal ein Teil meiner Lebensgeschichte. Ohne Wertung.“

Was hat Alexandras Mutter zu der Abtreibung gesagt, würde ich gern erfahren. „Dass ich das letzten Endes selbst entscheiden muss. Aber auch mit allen Konsequenzen. Ich glaube, ihre größte Sorge war, dass ich mich bei einer Entscheidung für das Kind einschränke, ich bestimmte Sachen nicht mehr machen kann. Und es dann bereue. Ein ‚Ich ziehe morgen nach Neuseeland und übermorgen nach Seattle' ist dann nicht mehr möglich, man muss ein Kind schließlich ortsgebunden großziehen."

Wir kommen noch mal auf die erste Abtreibung zurück. Wie ging es weiter? Hat sie mit dem Mann weiterhin zusammengelebt? „Nein, nein, nein. Ich bin nach Hause, machte dann mein Praktikum im Krankenhaus. Er wohnte im Haus seiner Mutter und ich bei meinen Eltern. Wir haben uns kaum noch gesehen und versucht, uns irgendwie zu arrangieren, sodass wir uns noch verstehen können. Aber das ging von meiner Seite aus nicht mehr. Ich begann, alles zu verdrängen. Ließ mich von der Uni beurlauben und wechselte dann kurze Zeit später den Studienort. Ich habe keine Gefühle zugelassen, so wie Sie mich auch kennengelernt haben: Man steht neben sich und ist nicht so richtig glücklich.

Bei der zweiten Geschichte brach es dann noch einmal durch. Es holte mich wieder ein. Die erste Abtreibung war 2011 im Sommer, die andere 2013. Der Vater weiß davon bis heute nichts. Ich hatte vergessen, dass Antibiotika die Wirkung der Pille blockieren kann. Schwupps, schon war ich schwanger. Diesmal merkte ich es aber schnell. Ich war immer noch im Studium. Der Vater des Kindes ist streng religiös und hat bei Themen wie Homosexualität eine Meinung, die ich nicht vertrete. Ich dachte mir, oh Gott, wenn wir jetzt ein Kind zusammen kriegen und er erzählt ihm so einen Quatsch, kann ich es nie wiedergutmachen. Er hätte mir die Hölle heiß gemacht und mich gezwungen, das Kind zu kriegen, wenn ich es ihm erzählt hätte – da war für mich die Entscheidung klar. Ich entschied mich einfach dagegen und habe es ihm nie gesagt. Er hätte auf das Kind bestanden. Er hätte es wahrscheinlich allein großgezogen, ich hatte richtige Horrorszenarien.

Die Beratung fand ich bei der zweiten Schwangerschaft ein bisschen besser. Da hat man mir zugehört und aufgezeigt, was dafür und dagegen spricht. Ohne mich zu beeinflussen. Man nahm meine Gefühle und Gedanken ernst. Es wurde nicht versucht, mir unterschwellig eine Meinung aufzudrängen. Durch die zweite Abtreibung hat mich die erste eingeholt, aber ich habe den Schlussstrich ziehen können."

Wie kam es zu dieser Veränderung? Ich erinnere mich gut daran, wie aufgewühlt Alexandra in unserem ersten Gespräch gewesen ist. Die seelischen Folgen der zweiten Abtreibung hatte sie damals noch nicht überwunden.

„Ich habe mir therapeutische Hilfe geholt, die mir sehr geholfen hat. Ich versuchte herauszufinden, was ich tun muss, um ein Kind allein großzuziehen. Wollte ich weiter studieren und später erst Kinder kriegen? Oder jetzt lieber eine kurze Ausbildung machen, dann Kinder bekommen und vielleicht später weiter studieren? Mit dieser Hilfe von außen konnte ich einen Weg finden: Ich schaue jetzt nach vorn, stelle mein Leben um. Studiere jetzt nicht sieben Jahre und bin dann zu alt, um Kinder zu kriegen, sondern schalte etwas dazwischen. Ich habe mich vom Studium beurlauben lassen und eine dreijährige medizinische Pflege-Ausbildung begonnen. Danach möchte ich Mutter werden. Und später vielleicht weiter studieren. Jetzt ziehe ich in eine andere Stadt, freue ich mich auf das, was in den nächsten drei Jahren auf mich zukommt. Wenn ich in drei Jahren Kinder bekomme, ist es auch gut."

Hat Alexandra schon einen passenden Partner gefunden?

„Nein, ich bin jetzt zweiunddreißig. Ich gebe mir noch drei Jahre, um ihn zu finden." Sie lacht und wirkt siegesgewiss. „Ich schicke Ihnen dann ein Foto von den Kindern."

Wie lebt Alexandra heute mit ihren Gefühlen der Trauer?

„Ich habe versucht, mir meine eigene Trauerarbeit beizubringen. Das ist der Teststreifen mit den beiden Balken, den habe ich aufgehoben. Ebenso den Kalender, indem meine letzte Periode eingetragen war. Das sammele ich alles in einer Box. Dazu habe ich auch ein paar Sachen aufgeschrieben. Wenn mich in zwanzig Jahren mal jemand fragt, kann ich das hervorkramen und sagen: ‚Schau, das habe ich damals zu verarbeiten versucht.'

Es ist nun mal passiert und ich habe mich schlecht gefühlt. Doch daraus ist entstanden, dass ich wegziehe und einen neuen Lebensabschnitt wage. Das hätte ich nicht gewagt, wenn die Schwangerschaften nicht existiert hätten. Ich sehe sie als einen Teil von mir. Ich akzeptiere, dass die Kinder da waren. Ich bin auch dankbar dafür, weil es für mein Leben etwas gebracht hat, auch wenn ich mich gegen sie entschieden habe. Die Verantwortung konnte ich damals nicht für die beiden übernehmen. Aber in Gedanken würde ich sagen: ‚Seid mir nicht böse. Danke, dass ihr da wart.' So kann ich für das nächste Kind – ich möchte ja mehrere haben –, wirklich Verantwortung übernehmen."

Es gibt Frauen, die ganz klare Vorstellungen haben, ob sie ein Mädchen oder einen Jungen bekommen hätten. Wie empfindet das Alexandra? „Vor der ersten Abtreibung habe ich einmal von einem sechzehnjährigen Mädchen geträumt, das mein Gesicht und meine blonden Haare hatte. Sie war aber etwa so groß wie er und mochte seine Hobbys. Die zweite Person war im Traum ein Junge, der diesmal wiederum aussah wie er. Mich beschäftigt das unbewusst, aber das ist auch okay. Ich verdränge das nicht. Es gibt kein Richtig oder Falsch. Es gibt nur die eine Entscheidung, die man für sich trifft. Zu einem bestimmten Zeitpunkt. Und dann geht man den Lebensweg weiter und behält es in seinem Herzen. Das kann mir auch keiner nehmen. Egal, ob da jetzt ganz tiefe Trauer ist oder Schmerz. Man hat sich dagegen entschieden, die Tür ist zu. Aber es gehen ja andere Türen auf.

Man sollte versuchen, ein bisschen mehr Freude zu empfinden, trotz dieser traurigen Angelegenheit. Das Herz für die schönen Dinge offenhalten. Für die anderen Kinder, wenn man welche hat, oder für einen tollen Lebensweg, der einen erfüllt. Man sollte einen Funken Dankbarkeit spüren, obwohl man es getan hat. So etwas hätte ich damals gern gelesen oder gehört.

In diesem Zusammenhang ist es wichtig, dass die Gesellschaft als solche dem Ganzen mehr Raum gibt. Dass man bei Fragen nach Kindern offen sagen kann: ‚Nein, aber ich habe zweimal abgetrieben.‘ Dass man akzeptiert, diese Erfahrung gemacht zu haben, weil sie ebenfalls zum Leben gehört. Dass es ein Teil von einem ist. Ich muss mich nicht schuldig fühlen. Ich darf traurig sein.

Es gibt keine Schuld. Es ist einfach der eigene Lebensweg.

Und jeder hat ja ... wie sagt man so schön? Die Wahl. Man hat ja die Wahl. Eine Notwendigkeit, die man für sich sieht, weil man möchte, dass die eigene Brut möglichst gut aufwächst. Natürlich muss ich akzeptieren, dass jeder von uns in der Lage ist, zu töten.

Leere will gefüllt werden mit Liebe, aber man trifft bei dem Thema Abtreibung auf Betroffenheit, und die hat es mir schwer gemacht. Mir hätten Gespräche weitergeholfen. Ganz viele Gespräche und ein bisschen mehr Wärme. Und Verständnis, ja."

„Ich habe schon
etwas empfunden.
Es war kein Zellklumpen für mich."

Nina

Nina (Name geändert) wird 1965 im Münsterland geboren. Auf Grundschule und Gymnasium folgen drei Semester Architekturstudium, dann schwenkt sie auf Design um. Mit einer Zusatzausbildung in Computergrafik arbeitet sie nach dem Studium als Art-Direktorin in Werbeagenturen in Düsseldorf. 2002 zieht sie zurück ins Münsterland und bringt ihre Tochter zur Welt. Heute ist sie freiberuflich künstlerisch tätig.

Nina holt mich vom Bahnhof der kleinen Stadt, in der sie im Münsterland lebt, ab. Eine präsente Frau kommt mir entgegen: schwarze, gelockte Haare, hochgesteckt. Kurzes schwarzes Vintage-Kleid, darunter blitzt ein Spitzenunterrock hervor. Schwarze Strümpfe, schwarze Stiefeletten. Um den Hals trägt sie ein pinkfarbenes, wuscheliges, haariges Etwas. Wie ich später erfahre, ist es ein Schal ihrer zehnjährigen Tochter. Nach einer kurzen Autofahrt erreichen wir ihr Wohnhaus. Es ist gemütlich, mit viel Holz und großen Fenstern. Innen öffnet sich ein großer Raum: Küchenzeile, Sitzlandschaft, Esstisch und ein Klavier finden darin Platz. Der Raum strahlt gemütliche Kreativität aus. Ein Hund richtet sich aus seinem Körbchen auf und begrüßt mich freundlich. Wir nennen ihn Eva.

Am großen Esstisch beginnen wir unser Gespräch: „Ich komme aus einer Lehrer-Arzt-Familie mit neun Kindern, ich bin die Siebte von oben. Es gibt zweimal Zwillinge. Ich bin auch ein Zwilling. Mit meinen Geschwistern hatte ich ein gutes Verhältnis und eine sehr schöne, kreative Kindheit. Aber mit meinen Eltern war es sehr schwierig, weil der Anfang nicht gut war. Meine Mutter wurde kurz vor der Niederkunft sehr krank, auch die Geburt war sehr schwierig. Ich habe etwa drei, vier Monate in einer Pflegefamilie gelebt. Wenn man voneinander getrennt ist, fällt es schwer, eine Liebesbeziehung aufzubauen, sowohl für die Mutter als auch für das Kind. Sie war streng und lieblos, gestresst. Unsere Beziehung hat sich eigentlich erst normalisiert, als ich selbst Mutter wurde.

Ich kann mich erinnern, dass ich einmal aus der Kammer

einen Besen holen sollte und solche Angst bekam, dass ich ihn nicht fand. Ich stand direkt davor und zitterte. Meine Mutter kam dazu, knallte mir eine und sagte: ‚Da ist doch der Besen.'

Mein Vater war superstreng, Mathelehrer. Heute sehe ich mich als Opfer zweiter Generation durch den Krieg: Er war Faschist. Als das Reich zusammenbrach, beschloss er, nichts mehr zu fühlen. Ich habe mich vor ihm wie eine Null-Nummer gefühlt. Bei ihm gab es nur Fakten. Ich kenne diese Sätze: ‚Sei objektiv, du bist nicht objektiv.' Abends wurde bei uns am Tisch ständig politisiert. Das Verrückte war, dass wir unsere Meinung zwar vertreten mussten, etwas gelten tat sie aber nicht. Daraufhin habe ich ziemlich schnell beschlossen, stumm zu sein. Das blieb ich bis dreißig.

Wenn man eine schlechte Beziehung zu seinen Eltern hat, wirkt sich das auch auf das eigene Elterndasein aus, und auf die Fähigkeit, Ja zum Leben zu sagen. Die Verletzung meiner Seele war sehr groß.

Gott sei Dank ist meine Mutter heute liebevoll: Sie hat sich sehr damit auseinandergesetzt, wie sie mit ihren Kindern umgegangen ist und welche Verletzungen entstanden sind." Nina wechselt das Thema. „Hinzu kommt, dass ich mit fünf Jahren von meinem Bruder missbraucht wurde. Solche Erfahrungen bilden ein Fundament für eine Abtreibung. Wenn ich so etwas nicht erlebt hätte, dieses Stillhalten, dieses Gelähmtsein, diese Todesahnung und Unwissenheit, wer es ist im Dunkeln. Es schockt Sie?" Ich bejahe. „Heute kann ich gut darüber sprechen, die Wunden sind mittlerweile verheilt."

Wie alt war ihr Bruder damals, frage ich. „Sechzehn. Er hatte einen Porno gesehen und wollte wissen, wie eine Oral-Geschichte funktioniert. Er hat mich einfach nachts unter der Bettdecke überrascht. Ich hatte Todesangst und war total gelähmt. Diese Angst habe ich noch heute, ich schlafe ungern allein ein oder im Dunkeln." Wie ging Nina damit um, hat sie es ihren Eltern erzählt? „Das war scheiße, die haben das überhaupt nicht gut aufgefangen. Haben ihn vor der ganzen Familie runtergemacht, aber mich nicht getröstet. Dabei wäre das viel wichtiger gewesen, als ihn als Angeklagten hinzustellen. Man fühlt sich so beschmutzt im Schoß. Weil da einer drangegangen ist, der das nicht darf. Aber ich habe es ihm später verziehen." Nina denkt über ihre weitere Kindheit nach. „Mit vierzehn kam dann der Zwangsaufenthalt im Internat, weil ich mich irgendwann mehr für Jungs interessiert habe als für die Schule. Meine Eltern wollten unbedingt, dass ich täglich zwei Stunden Hausaufgaben mache und eine Stunde Klavier spiele. Ich hatte eine super Lehrerin, aber als ich das Üben vernachlässigt habe, bin ich aus dem Klavierunterricht geflogen. Das Internat war die Konsequenz.

Ich denke, im Nachhinein war es gut. Durch den Abstand konnte sich eine Kommunikation zwischen meinen Eltern und mir entwickeln. Aber das hat mir natürlich auch sehr, sehr wehgetan. Ich fühlte mich abgeschoben.

Als ich mein Studium anfing, blühte ich richtig auf. Ich begann mit Architektur, musste da aber Betonhärten checken und prüfen, wie reißfest ein Beton ist, und es war sehr viel Mathe. Das packte ich nicht. Ich stieg auf

Design um, zog aus, führte ein WG-Leben – das war eine gute Zeit für mich. Ich habe sehr exzessiv gelebt. Später entwarf ich gemeinsam mit meiner Schwester dieses Haus, mein Mann hat es gebaut."

Wir gehen hoch zu ihr ins Schlafzimmer. Mansarde. An der Schräge links hängen unter anderem große Foto-Abzüge in Schwarz-Weiß. Nina ist unschwer darauf zu erkennen: um die zwanzig. Wilde schwarze Mähne. Jeans, Stiefel, Hemdbluse. Eine trotzige junge Frau spricht aus dem Bild. Auf dem Sprung ins Leben. Ich drücke meine Bewunderung für diese junge Frau aus. „Wenn ich die Bilder sehe und mit meinem heutigen Selbst vergleiche, erkenne ich, dass ich nie so ein Selbstbewusstsein hatte. Die Authentizität, der Bezug zu sich selbst waren nicht da, ich war wie eine Schnecke im Schneckenhaus." Für mich sprechen die Bilder eine andere Sprache. Sprühend vor Lebenswillen und Neugier. Nina zeigt mir künstlerische Fotomontagen, die sie in den letzten Jahren gemacht hat. Außerdem Kalligrafien, die sie selbst schreibt. Selbst verfasste Gedichte hängen an der Wand. Und Fotos von ihrer Tochter.

Während wir wieder in den Wohnraum gehen, erzählt sie weiter. „Damals habe ich viel Party gemacht, was man so macht mit zwanzig, fünfundzwanzig. Und die Beziehung zu meinem Freund war zu dem Zeitpunkt des ersten Abbruchs nicht gut."

Ich bitte sie, etwas mehr von ihrem Freund zu erzählen.

„Wir sind zusammengekommen, als ich sechzehn war. Er stellte Familienersatz für mich dar, war meine Stütze, meine Stärke. Er war sehr lieb zu mir, aber auch ein Aufschneider und Frauenschwarm. Es dauerte ein halbes Jahr, bis wir miteinander ins Bett gegangen sind. Doch zur Zeit des Abbruchs führte er eine Beziehung mit einer anderen Frau, einer ganz jungen. Ich war Mitte zwanzig. Es war nicht klar, ob wir zusammenbleiben würden. Außerdem steckte ich mitten im Studium, da war für mich ein Nein absolut klar, hatte überhaupt keine Zweifel. Er hätte das Kind wohl bekommen wollen, das sickerte vorsichtig durch, kam aber für mich mit einem Mann, der mich betrügt, nicht infrage. Und allein hätte ich mich nicht getraut."

Wie kam es zu der ungewollten Schwangerschaft? „Ich war gut aufgeklärt, vertrug aber die Pille nicht. Ich habe natürlich trotzdem verhütet, aber er hätte ja auch mal Kondome nehmen können, das hat er aber nicht gemacht, da hat er sich geweigert."

Wie war das Gefühl, als sie feststellen musste, schwanger zu sein? „Ich habe eigentlich immer nur ‚Nein, nein, nein, nein' gedacht. Habe mich ziemlich früh darum bemüht, eine Indikation zu bekommen." Wo hatte sie sich die Indikation geholt? „Bei ProFamilia in Münster. Und den Abbruch habe ich dann in Bremen machen lassen, im April 1990. Der war so furchtbar, das hat so wehgetan. Die Betäubungsspritzen haben gar nichts bewirkt. Anschließend war ich super erleichtert, aber fassungslos, solche Schmerzen überhaupt erlebt zu haben.

Mein Freund war dabei, hat meine Hand gehalten und mich nach dem Eingriff gepflegt. Ich habe dann für mich entschieden, so etwas nie, nie wieder zu tun. Von dem Kind habe ich nichts gesehen, es kam direkt in die Nierenschale und wurde weggeschmissen. Die Bilder, wie sie aussehen, habe ich mir vor Kurzem erst reingezogen: Bilder von kleinen Ärmchen und Händchen, die zerstückelt sind.

Ich war damals in der siebten Woche, doch das Herzchen schlägt schon ab der vierten. Ich habe schon etwas empfunden. Es war kein Zellklumpen für mich. Es war Mord. Vier Jahre später habe ich es doch noch ein zweites Mal getan. Bei der zweiten Abtreibung war die Situation einfach so unklar: Wenn man als Paar ein Produkt der Liebe entfernt, hat man auch irgendwie keine Lust mehr, mit dem Partner zusammenzubleiben. Wir führten nach der ersten Abtreibung eine sehr offene Beziehung, hatten wechselnde Beziehungen. Ich wusste beim zweiten Mal nicht, wer der Vater ist, es kamen zwei infrage. Das lässt sich aber erst im siebten Monat feststellen. Aus dieser Resignation heraus habe ich das dann doch noch mal gemacht."

Mich beschäftigt die Frage, ob sie das Kind bekommen hätte, wenn sie gewusst hätte, wer der Vater war. Die Antwort kommt knapp und klar: „Ja, wenn es von meinem Freund gewesen wäre, hätte ich es bekommen. Ich glaube sogar, selbst wenn es behindert gewesen wäre."

Wusste Ninas Freund, dass das Kind von einem anderen Mann sein könnte? „Ja."

Hätte er das Kind trotzdem gewollt? „Nein." Hätte also ihre Beziehung auf dem Spiel gestanden? „Ja. Das ist derselbe Mann, den ich noch heute habe. Damals war ich verzweifelt, habe mit mir gehadert und lange mit der Beratungsstelle hin- und hergesprochen. Ich erinnere nur noch diese Resignation: ‚Okay, da musst du jetzt noch einmal durch.' Und dann war da diese absolute Härte im Herzen. Wie eine Kette, die darum gelegt wird. Die zweite Abtreibung war in Dortmund. Diesmal war mein Freund nicht dabei, er hat draußen geraucht. Danach habe ich geweint, mich furchtbar verlassen gefühlt. Ganz, ganz verlassen." Ich komme auf die Frage zu sprechen, mit wem sie neben ihrem Freund und ProFamilia noch gesprochen hat. „Ich hab alles mit mir allein ausgemacht." Wie war es mit ihrer Mutter, ihren Eltern. Wussten die davon? „Nein, auf gar keinen Fall. Meinen Eltern hätte ich mich niemals anvertraut. Ganz und gar nicht. Abtreibungen ziehen sich durch unsere Familiengeschichte hindurch: Meine Mutter hat abgetrieben, ohne meinem Vater überhaupt davon zu erzählen. Deren Mutter hat Zwillinge abgetrieben, meine Ur-Ur-Oma trieb ebenfalls ab. Mein Zwillingsbruder hat abgetrieben, eine Nichte von mir und meine kleine Schwester. Keiner wusste das voneinander." Ich bin erstaunt, dass man über Generationen hinweg nie darüber gesprochen hat. Wie kam das Gespräch dann endlich in Gang? „Ich habe es irgendwann meinen Eltern erzählt. Auf jeden Fall weiß ich, dass mein Vater total traurig war, dass er nicht mitsprechen durfte. Das hat mich sehr berührt." Und wie reagierte Ninas Mutter darauf? „Meine Mutter hat versucht, Wege zu finden, sich damit zu versöhnen, und es durch den Glauben geschafft. Bei mir ist das ähnlich gelaufen. Nach der zweiten Abtreibung habe ich mein Herz für zehn Jahre verschlossen,

kalt gemacht, um es aushalten zu können. Richtig eingeholt, dass ich davon krank geworden bin, hat es mich erst
1998, 1999. Ich hatte Todesängste, fühlte mich im Raum
verloren, war depressiv, litt an Schuldgefühlen, unglaublich großen Schuldgefühlen, hegte Hass auf mich und auf
meinen Partner und musste regelmäßig brechen.
Irgendwann schenkte mir meine Mama eine CD, auf der
Frau Dr. Pokropp-Hippen über das Post-Abortion-Syndrom *(siehe Seite 30ff.)* referierte. Ich hörte sie mir an und
dachte: ‚Oh, das, was du hast, hat ja einen Namen.' So
ging ich bei ihr in Therapie.

Meine Mama sagte mir: ‚Versuche den Kindern einen Namen zu geben und beerdige sie, lass eine Messe dafür
lesen.' Die Namensfindung dauerte fünf Jahre. Mein erstes Kind heißt John, das zweite war ein Mädchen, ich
nenne sie Aniko." Wieso ist sich Nina so sicher, dass das
zweite Kind ein Mädchen geworden wäre? „Als ich so
krank war, habe ich viel geweint. Eines Tages habe ich im
Himmel zwei Kinder in den Wolken gesehen. Das erste
war ein total schöner, kräftiger Junge und das zweite ein
ganz zierliches, kleines Mädchen, das ein bisschen behindert aussah. Den Kindern einen Namen zu geben, war
ein gutes Gefühl. Ich schrieb sie auf ein Schiefertäfelchen
und fügte die Abbruchsdaten hinzu. Meine Mutter
schenkte mir ein Taufdeckchen. Wir gingen in die Messe
und sagten dem Pfarrer, worum es geht. Bei den Fürbit-
ten nannte der Pfarrer die Namen. Mein Freund war auch
in der Messe, aber bei dem war diese Aufarbeitung wesentlich vorsichtiger als bei mir. Dann beerdigten wir
alles in unserem Garten." Nina steht auf und bringt ein

Spitzenkissen mit einer Schiefertafel. „Ich habe das mit dem Kissen und der Schiefertafel noch einmal gemacht, für das Foto im Buch. Das richtig schöne Deckchen, das meine Mama mir gab, ist mit beerdigt. Mein Freund hat eine Glückskugel mit reingegeben. Ich hatte noch ein Zitat vom Papst, Johannes Paul dem II. Es handelt von Vergebung und davon, dass man nicht verdammt ist. Auch das haben wir beerdigt.

Mein Freund hat eine Rose drauf gepflanzt. Nach einem Jahr hat sie zu einer Zeit, zu der Rosen normalerweise nicht blühen, zwei orangefarbene Blüten getragen."

Diesen Rosenstock würde ich gern sehen. „Das ist vierzehn Jahre her, es ist vergangen. Aber dass er geblüht hat, war für mich ein Zeichen dafür, dass sie jetzt im Himmel sind, dass es ihnen gut geht."

Wie stand ihr Mann zu dieser Zeremonie? „Ich glaube schon, dass es ihn sehr berührt hat. Als die Blüten da waren, ist er oft hingegangen. Ich weiß nicht, ob er gebetet hat oder einfach nur traurig war. Auf jeden Fall fing da für ihn die Verarbeitung an."

Wir wollen mit unserem Gespräch zurück ins Leben. Wann kam die Tochter auf die Welt? „Meine Tochter ist ja erst acht Jahre nach der zweiten Abtreibung geboren. Wir wussten sofort, dass er der Vater war, und da wusste ich auch, dass ich dieses Kind auf jeden Fall bekommen werde. Die Schwangerschaft war eine richtig gute Zeit, bis auf den achten Monat: Das Baby war einige Tage lang sehr ruhig, strampelte nicht viel. Ich bekam Angst, das Kind könnte tot sein. Ich dachte, ich würde bestraft, mir würde es nicht gegönnt sein. Aber es war alles okay. Die

Geburt dauerte wegen dieser Angst drei Tage. Aber sie konnte trotzdem auf normalem Wege kommen. Und dann wurde es schwierig, weil sie sich immer Geschwister wünschte. Wir haben jahrelang jeden Tag Geburt gespielt. Sie hat immer Nester gebaut und Püppchen hineingelegt. Das war für mich ein Alptraum. Es erinnerte mich jeden Tag an die Abtreibungen und ich dachte immer: ‚Du hast ja Geschwister.'"

Hätte die Möglichkeit bestanden, noch weitere Kinder zu bekommen? „Nein, ich bin bald nach der Geburt an der Schilddrüse erkrankt. Ich hätte nicht noch einmal schwanger werden dürfen."

Da mich immer wieder die Frage beschäftigt, woher die Schuldgefühle kommen, bitte ich Nina um eine Antwort. „Ich dachte intuitiv, das ist Mord, was ich hier mache. Ich habe mir eingestehen müssen: ‚Ich bin eine Mörderin und zwar eine ganz schön heftige.'" Glaubt Nina an eine Seele? „Ja, schon vom ersten Moment der Zeugung an. Da macht's WHAAM! Sie ist unkaputtbar. Weil sie der Funke Gottes ist." Nina fragt jetzt mich: „Wie ist das denn für Sie, haben Sie auch das Gefühl, dass es Mord war?" Sie bezieht sich auf meine Abtreibung, von der ich ihr erzählt habe. Ich antworte ehrlich: „Ja, ich empfand es auch so. Aber erst Jahrzehnte später." Dann will Nina wissen, ob es meine zwei Kinder wissen. „Ja, sie wissen es. Ich habe es ihnen erzählt, als ich meine späte Aufarbeitung begann."

Und Ninas Tochter? „Der habe ich es vor einem Jahr erzählt. Die reagierte fantastisch und meinte: ‚Ich war doch schon bei dir, ich bin zurückgekommen.' Das hat mich getröstet. Vielleicht ist sie ja das Mädchen, das zurückgekommen ist. Ich habe ihr auch gesagt: ‚Treibe nie ab, ich ziehe es für dich groß, egal, wann du es bekommst.' Ich glaube, ich habe für meine Familie schon genug gelitten, in meiner jetzigen Familie wird das nicht mehr passieren, da bin ich ziemlich sicher. Der Grund, warum ich dieses Interview mache, ist ein Stück weit, damit das gesellschaftlich bekannt wird. Dadurch, dass man darüber spricht, ist das Wort da. Und mit dem Wort wird auch das wirklich, was man erlebt hat. Wenn ich heute an die Kinder denke, höre ich sie lachen. Miteinander erzählen, brabbeln und lachen. Ich glaube, wenn ich mal sterbe, holen sie mich ab. Ich bin mir ziemlich sicher, dass sie mich begrüßen, wenn ich rüberkomme."

Wir machen noch einen gemeinsamen Spaziergang mit Hündin Eva an der frischen Märzluft und freuen uns über die ersten Schneeglöckchen.

„Das Problem war die Schuld.
Ich hatte ein Kind getötet."

Claudia

Claudia kommt 1966 in der Nähe von Schwerin zur Welt und wächst in der DDR auf. Dort geht sie zehn Jahre auf eine Gesamtschule. Mit achtzehn treibt sie ab, will Sängerin werden und beginnt eine Gesangsausbildung, die sie nach einem halben Jahr als Folge der Abtreibung abbricht. Seit 1990 lebt sie im westlichen Teil Deutschlands. Claudia ist seit drei Jahren geschieden und hat fünf erwachsene Kinder. Seit Jahren setzt sie sich verstärkt für Aufklärung zum Thema Abtreibung ein.

Ich besuche Claudia in ihrer Wohnung in einem kleinen Ort in der Nähe von Karlsruhe. Claudia beschreibt mir das Haus als das rosa Hochhaus am Rande des Dorfes. Es entpuppt sich als ein Mehrfamilienhaus: drei Stockwerke, Balkone auf beiden Seiten. Der Weg vom Haus führt direkt in die Weinberge.

Ich steige in den dritten Stock. Beim Öffnen der Tür begrüßt mich ein kleiner Hund mit fröhlichem Gebell. Gleich dahinter erscheint Claudia. Eine Frau, die schon auf den ersten Blick geradeaus wirkt. Ohne Schnörkel in ihrem Verhalten.

Wir setzen uns an ihren Esstisch in der Küche. „Hinter Ihnen, das sind meine fünf Kinder." Ich drehe mich um und sehe an der Wand ein großes Foto. Drei Söhne, zwei Töchter. Sie strahlen das Gefühl einer verschworenen, zufriedenen Truppe aus. Meine erste Frage bezieht sich wie immer auf die Kindheit. „Ja, wie war meine Kindheit? Ich habe mich sehr einsam gefühlt. Meine Eltern haben beide in Schichten gearbeitet, in der DDR war das normal. Meine Mutter war Stationsschwester auf der chirurgischen Station, mein Vater in einem Betrieb beschäftigt, der Anhänger herstellt. Sie waren immer weg, hatten nie Zeit. Abends waren sie zwar zu Hause, aber dann musste man ins Bett. Sie waren kaputt von der Arbeit. Da war nicht mehr viel mit Familienleben."

Welche Werte wurden in ihrer Familie gepflegt? „Der Wunsch, mit der Familie zusammen zu sein, war immer da. Später hatte ich Freundinnen, bei denen ich das Gefühl hatte, da funktioniert die Familie. Sie trafen sich am

Abendbrottisch. Familie war das, was ich immer gesucht habe."

Gab es Werte, die ihr von den Eltern vermittelt wurden? Zum Beispiel religiöse Vorstellungen? „Gar nicht. Meine Oma war Küsterin. Mit ihr bin ich früher ein paar Mal in die Kirche gegangen, weil sie alles für den Gottesdienst vorbereiten musste. Das fand ich immer ganz spannend. Später bin ich aber von mir selbst aus in die Christenlehre gegangen." Ich bitte Claudia genauer zu beschreiben, was es damit auf sich hatte. „Das wurde von der Kirche angeboten, es gab in der Schule keinen Religionsunterricht." Auch nicht freiwillig? „Nein, es war ein Ersatz, nach der Schule zwei Stunden. In der vierten, fünften Klasse."

Was war das Interessante für Claudia an dieser Christenlehre? „Vor allem die Geschichten und diese Lehrerin. Sie war für mich wie eine zweite Mutter, hatte selbst keine Kinder, aber immer eine offene Tür für uns. Sie hat mit uns gekocht und gebacken. Die biblischen Geschichten, die hat sie interessant erzählt. Sie verkörperte das, was ich mir immer von meiner Mutter gewünscht habe."

Ich frage nach, ob es die Religion oder die Person gewesen ist, die sie anzog. „Zu dem Zeitpunkt war es die Person."

Wie ging das Leben für Claudia weiter? Wie stellte sie sich ein Leben als junge Frau vor? „Die einzige Vorstellung, die ich immer hatte, war, meine Mutter zu übertrumpfen. Sie hat vier Kinder geboren; ich habe gesagt, ich will fünf. Ich wollte es besser machen. Ich hoffe, ich habe es besser gemacht. Und ich wollte immer Sängerin werden."

Claudia wurde ziemlich früh schwanger. Wie kam es dazu? „Ich war damals siebzehn. Mein ältester Bruder brachte einen Arbeitskollegen mit nach Hause. Er war sehr nett zu mir, interessierte sich für mich. Es hat sich ja nie jemand für mich interessiert. Ich fühlte mich das erste Mal aufgehoben. Er war allerdings fünfundvierzig. Ich verstehe bis heute nicht, dass meine Eltern da so zugucken konnten: Der Mann war verheiratet, hatte drei Kinder. Das wussten alle und haben es trotzdem zugelassen. Er schlief bei mir. Da sieht man, dass meine Eltern sich eigentlich null für mich interessiert haben. Das darf man heute aber nicht sagen, sie streiten das ab. Dann kam, was kommen musste: Ich wurde schwanger.“ Aber wieso musste das so kommen, hinterfrage ich. Wie stand es um die Aufklärung? „Meine Mutter wollte mich aufklären, aber ich habe es abgelehnt. Das war mir einfach zu peinlich. Ich wusste das, was man von Freunden weiß, was man sich so anliest. Und dann bin ich halt schwanger geworden, er wollte das Kind aber nicht. Irgendwann wollte er das Kind doch, aber mich nicht. Er meinte, er würde das Kind mit zu sich in seine Familie nehmen, er hätte mit seiner Frau gesprochen. Das kam für mich nicht infrage. Ich wollte nichts mehr von ihm wissen. Ich ließ ihn nicht mehr an mich ran. Im ersten Moment dachte ich sogar: ‚Toll, das ist meins!‘ Wie Mädchen eben sind: Puppen, meins. Im zweiten Moment wurde mir bewusst: ‚Wow, nein, das geht gar nicht. Ich bin noch so jung.‘ Ich sah keine Perspektive. Meine Eltern legten das in mein Ermessen, ließen mich wieder allein. Freundinnen hielten mich für verrückt, sagten, ich würde mir die Zukunft versauen. ‚Okay, ich will mal Sängerin werden‘, führte ich mir vor Augen, und entschied mich dann für die Abtreibung. Heute finde ich diesen Satz unmöglich. Kinder versauen keine Zukunft. Wenn mir irgendjemand Mut gemacht hätte: ‚Du kriegst das Kind! Mensch, das schaffst du, wir schaffen es zusammen‘, dann hätte ich es vielleicht bekommen. Aber meine Eltern haben nichts dazu gesagt."

Mich interessiert die generelle Einstellung zur Abtreibung in der DDR. „Das war normal. Es war zwar erlaubt, aber man sprach nicht darüber. Es gab wahrscheinlich doch so eine Art Scham. Jede Frau, die abgetrieben hat, weiß hinterher, was sie getan hat. Aber in meinem Kopf war verankert: Was erlaubt ist, kann ja nicht schlecht sein. Der Staat wird schon wissen, was er tut. Und der Arzt sagte mir damals, das sei noch kein Kind, nur ein Gewebeklumpen. Von daher machte ich mir keine weiteren Gedanken."

Weiß Claudia, in der wievielten Woche sie damals gewesen ist? „Das weiß ich nicht so genau, aber ich schätze, etwa zehnte bis zwölfte Woche. In das Krankenhaus fuhr ich allein. Mit dem Bus. Während der OP-Vorbereitung habe ich geweint. Das weiß ich noch. Ich bin weinend in den OP geschoben worden, und als ich aus der Narkose aufwachte, habe ich wieder geweint." Kann sich Claudia heute erklären, woher dieses Weinen rührte? „Irgendwie hatte ich doch dieses Wissen, ich tue etwas, das nicht richtig ist. Ganz tief in mir drin. Für die Ärzte und Schwestern war es normal, aber für mich war es das nicht. Man rollte mich direkt aus dem OP in dieses Zimmer, der Flur war ganz lang und am Ende befand sich ein Schlafsaal mit acht Betten. Alle acht Frauen hatten gerade entbunden. Ich wurde einfach mitten rein geschoben. Neben mir lag eine Schulkameradin. Man brachte ihr das Baby. Das war schon schlimm. Um mich herum haben die Frauen alle vier Stunden ihre Kinder zum Stillen bekommen. Da war etwas zum Anfassen und Knuddeln. Und ich hatte nichts. Ich wusste, ich hätte bald auch so ein Kind in den Armen halten können, doch nun habe ich es einfach getötet. Fünf oder sechs Tage musste ich es in dem Zimmer aushalten.

Mein Vater holte mich ab, ich hatte starke Schmerzen. Zu Hause stieg ich aus dem Auto und fing an zu bluten. Mein Vater bekam totale Panik, hievte mich wieder in den Wagen und brachte mich zurück ins Krankenhaus. Ich wurde sofort in den OP geschoben und ausgekratzt. Und dann sagte mir der Arzt: ‚Mit Kinderkriegen ist nicht mehr.' Das war ein Schock. Ich dachte: ‚Das hast du dir jetzt eingebrockt.'" Das klingt nach Bestrafungsgedanken. Die haben viele Frauen nach einer Abtreibung.

„Ja, das war der Startschuss für die Depressionen. Mein Problem war die Schuld. Auf einen Schlag wurde mir bewusst, dass ich mein Kind getötet habe. Wie sollte ich damit weiterleben? Wer kann mir diese Schuld abnehmen? Keiner kann sagen: ‚Komm, wird schon wieder. Es ist nicht so schlimm.' Anfangs bemühte ich mich immer wieder, es durch meine Arbeit zu verdrängen. Durch mein Singen. Aber ich durfte nicht zur Ruhe kommen. Sobald ich allein war, kehrten diese Schuldgefühle wieder.

Da habe ich dann versucht, mir das Leben zu nehmen, drehte den Gashahn auf. Erst die oberen vier Hähne, doch das dauerte mir zu lange. Also machte ich den Backofen auf, kniete mich davor, legte ein Kopfkissen rein und meinen Kopf darauf. Meine damalige Vermieterin fand mich, ich bin auf der Intensivstation wachgeworden."

Konnte Claudia in dieser schweren Zeit mit jemandem über ihre Gefühle sprechen? „Nein, sie haben alle vorher gesagt, es sei meine Entscheidung. Ich finde es so unfair, so etwas zu sagen. Bis heute habe ich mit meiner Mutter nicht mehr darüber geredet."

Ich würde gern erfahren, ob Claudia damals an eine Seele in diesem Ungeborenen geglaubt hat. „Zu jener Zeit machte ich mir darüber keine Gedanken. Heute schon. Klar, der Mensch besteht aus Geist, Körper und Seele. Bald darauf lernte ich meinen Mann kennen. Sechs Wochen später heirateten wir."

Ich wundere mich über das Tempo. Warum so schnell? „Zu schnell. Später stellte ich fest, dass mein Mann sehr jähzornig war und immer ganz schlagkräftige Argumente hatte. Er war Alkoholiker, verhielt sich nicht nur mir, sondern auch den Kindern gegenüber so. Ich konnte mich immer über Wasser halten, indem ich mir sagte: ‚Wenn meine Kinder alt genug sind, dann gehe ich.' 2010 war es dann so weit.

Aber ich habe die fünf Kinder bekommen. 1987 haben wir geheiratet, die Kinder kamen 88, 89, 90, 91 und Laura 96." Gegen die Aussage des Abtreibungsarztes, werfe ich schmunzelnd ein. „Gott sei Dank. Fünf Stück, wie ich mir immer gewünscht habe. Es gab immer gut zu tun mit ihnen."

Ich hatte von Claudia bereits erfahren, dass sie seit Jahren in Schulen geht und Aufklärung zum Thema Abtreibung und Verhütung durchführt. Wie fing das an? „Es begann etwa 1995/96. Ich hatte den Film ‚Der stumme Schrei' gesehen, der etwas in mir auslöste. Ich heulte Rotz und Wasser – das erste Mal seit der Abtreibung. Nach der langen Zeit der Verdrängung kam endlich alles raus. Der Film zeigte den Eingriff das erste Mal aus der Sicht des Kindes. Bisher habe ich es nur aus meiner Sicht gesehen. Das hat etwas mit mir gemacht, und ich beschloss, etwas zu tun. Diese ganze Scheiße muss ja zu irgendwas gut gewesen sein. Ich ging auf eigene Faust in Schulen und wollte aufklären, meine Geschichte erzählen. Ich möchte die Schüler davor bewahren, den gleichen Fehler zu machen. Dabei stelle ich mich nicht hin und sage: ‚Ihr dürft nicht, ihr müsst, ihr sollt', sondern informiere sie über die klaren Fakten. Ich frage, ob sie wissen, wie Abtreibung in Deutschland geregelt ist. Die meisten denken, es sei ohne Auflagen und Bedingungen möglich. Und dann demonstriere ich ihnen die Entwicklung des Lebens, welche Wachstumsphasen ein Embryo in welchen Wochen durchläuft. Sie staunen, dass das Herz bereits ab der vierten Woche schlägt. Ich zeige Ihnen einen Teil des Films ‚Der stumme Schrei' und erläutere die möglichen Folgen einer Abtreibung. Ganz, ganz am Ende erzähle ich ihnen meine Geschichte. Dann wird es ganz still in der Klasse, da hört man eine Nadel fallen." Sie lacht. „Ich will, dass sie mit ihrer Sexualität bewusst umgehen und Verantwortung füreinander übernehmen. Verhüten ist immer besser als abtreiben. Die Schüler gehen anders aus dem Vortrag raus, als sie reingekommen sind. Ich bekomme Feedback. Sie sind froh darüber, weil das Thema Abtreibung im Sexualunterricht in der Schule nicht aufgegriffen wird."

Was sagen ihre Kinder dazu, dass sie in Schulen geht? In welchem Alter haben sie von der Abtreibung erfahren?

„Meine Kinder wissen seit Anfang an von dieser Arbeit. Einmal ging ich am Kinderzimmer vorbei und hörte: ‚Mensch, eigentlich hätten wir jetzt noch einen Bruder oder eine Schwester.' Und eines Abends erwischte ich meine Tochter weinend im Bett und fragte, was sie hat. Sie antwortete: ‚Du, Mama, ich glaube, du hast dein abgetriebenes Kind lieber als mich.' Das versetzte mir einen Stich ins Herz, und mir wurde bewusst, dass ich über dieser Arbeit meine lebenden Kinder nicht vergessen darf."

„Mich hätte es zweimal geben können."

Anne

Anne (Name geändert) wird 1974 geboren. Sie ist die Überlebende einer Abtreibung einer nicht erkannten Zwillingsschwangerschaft. Ihre Eltern schämen sich noch heute so sehr, dass Anne, um sie zu schützen, 100 Prozent anonym bleiben will. Deshalb gibt es keine weiteren Angaben zu ihrem Lebenslauf.

Weil mich ihre Geschichte fasziniert, mir auf der anderen Seite aber unvorstellbar erscheint, besuche ich Anne in Anwesenheit ihrer Mutter zum ersten Kennenlern-gespräch. Anne ist bildhübsch und temperamentvoll. Ihre Mutter lerne ich als eine bodenständige Frau und eine ihre Tochter liebende Mutter kennen. Sie versteht, dass ihre Tochter das Bedürfnis hat, mit ihrer Geschichte an die Öffentlichkeit zu gehen. Und sie hält sie davon nicht ab, solange alle anonym bleiben.

„Ja, meine Familie ist eine ganz normale bürgerliche Familie, die nach außen hin geregelt und intakt scheint. Jeder hat seinen Platz im Leben gefunden und ist sehr diszipliniert, arbeitsam und zielstrebend."

Ich frage Anne nach ein paar typischen Kindheitserinne-rungen. „Viel Traurigkeit und eine große Einsamkeit. Nach der Schule nach Hause zu kommen und in eine Ecke zu gehen, um mit meiner Puppenstube zu spielen – das war meine Welt."

War Anne ein „Schlüsselkind"? Man könnte annehmen, sie wäre den ganzen Tag allein gewesen. „Ja, das mag im ersten Moment so wirken, war aber nicht so. Ich hatte zwei Geschwister. Wir trafen uns zum Mittagessen, und auch zum Abendessen war immer die gesamte Familie beisammen. Deshalb war es auch für mich eine so große Frage, warum ich mich immer so einsam gefühlt habe. Die Einsamkeit war so mächtig, dass ich es wie eine Strafe empfand."

Kann sich Anne diese Einsamkeitsgefühle erklären? „Ja, es war der Wunsch, nicht allein zu sein. Ein Wunsch, der darüber hinausgeht, eine Freundin zu haben, sondern jemanden, der einem ganz nah ist. Ein richtiges Gegenüber, das genauso lebt und funktioniert wie ich, alles so empfindet wie ich. Oder so spielen möchte wie ich. Das hat mir gar keine Ruhe mehr gelassen, ich habe Tag und Nacht darüber nachgedacht. Gegrübelt. Diese Sehnsucht nach meinem Gegenüber war immer da. Wenn ich auf der Straße Zwillinge sah, fragte ich mich, warum die zu zweit sind und ich nicht. Irgendwann fing ich an, meiner Mutter diese Frage zu stellen. Jeden Tag. Immer wieder. Meist beim Haare kämmen am Abend oder morgens. Vermutlich, weil ich meiner Mutter da besonders nah war, sodass die Frage in mir immer lauter wurde: ,Was ist, wenn ich ein Zwilling bin?'"

Nachdem ich Annes Geschichte gehört habe, stelle ich mir ihre Mutter vor, die mit dieser unangenehmen Frage regelmäßig konfrontiert wird. Wie hat sie reagiert? „Sie hat die Frage eigentlich ziemlich schnell abgetan: ,Ach lassen wir das', und ging zum Tagesgeschehen über. Ich muss sie damit ziemlich genervt und unter Druck gesetzt haben. Wie das eben ist, wenn man ein Doppelpack bekommt. Ich wollte, dass sie sich jeden Tag mit mir darüber unterhält."

Wie empfindet Anne das heute? „Wenn ich das mit den heutigen Augen betrachte, glaube ich, dass ich meiner Mutter damals sehr wehgetan habe, obwohl ich das nicht wusste, sondern erst viel später erfuhr, dass ich ein Zwilling geworden wäre. Für sie war das bestimmt jedes Mal ein tiefer Schmerz im Herzen, der wie ein Damoklesschwert über ihr hing: Irgendwann bricht es heraus, irgendwann kommt raus, was geheim gehalten wird."

Mich interessiert, ob Anne diesen Wunsch nach einem Zwilling auch ihrer Familie gegenüber geäußert hat. „Dieses Thema, ein Zwilling zu sein, habe ich eigentlich nur mit meiner Mutter besprochen und es für mich selbst im Herzen getragen als mein kleines Geheimnis." Wie ist dieses Gefühl, ein Zwilling zu sein? Kann Anne das beschreiben? „Wenn ich nach Hause gekommen bin, hatte ich immer den Eindruck, sie würde schon vor der Puppenstube auf mich warten. Sie wäre ein Teil von mir, sähe mir gleich und wäre auch meinem Charakter ähnlich. Irgendwann fragt man sich: ‚Was ist eigentlich mit dir los? Vielleicht spinnst du ja?' Dieses Gefühl, ich wäre schizophren oder spinne, nahm stark zu. Mit etwa zwölf, dreizehn Jahren bekam ich dann innerlich das Gefühl, ich müsse mich jetzt davon lösen, von diesem Gespür, es gäbe mich zweimal. Ich verschloss das irgendwann im Herzen und sagte, ich müsse das jetzt als Kindheit oder Fantasie abtun."

Ich frage, ob sie ab diesem Moment weiter mit ihrem Zwilling gesprochen hat. „Ich habe nicht mehr mit dieser Schwester gespielt oder geredet. Aber in mir blieb trotzdem immer dieser Wunsch verankert. Ich habe ihn in mir eingeeist."

In der Pubertät stellte sich dann dieses Gefühl, dieser Schmerz ein, ich hätte keinen Platz auf dieser Erde, ich wäre nicht gewollt. Ich hatte das Bedürfnis, mich am liebsten wegzuhungern. Diese Trauer und dieser Schmerz, die ich nicht erklären konnte, wurden immer tiefer. Ich wollte mir für irgendetwas die Schuld geben, dabei wusste ich nicht einmal, für was.

In der Teenagerzeit erkrankte ich dann an Magersucht und wog nur noch knapp über vierzig Kilo. Das war lebensbedrohlich. Ich wusste nicht mehr weiter und ging dann zur Seelsorge. Dort erzählte ich von meinem Gefühl, ich wäre ein Zwilling. Dass es mir Angst macht, dass ich mich frage, ob ich schizophren werde. Dass ich den Eindruck habe, ich müsste mich für irgendetwas bestrafen.

Die Seelsorgerin hat in dieser Zeit das Geheimnis von meinem abgetriebenen Zwilling brieflich von meiner Mutter mitgeteilt bekommen. Die Psychologen und die Seelsorgerin entschieden gemeinsam mit ihr, aufgrund meiner Labilität, es mir nicht mitzuteilen. Sie wollten das Geheimnis noch ein paar Jahre aufheben, bis ich seelisch stabiler wäre, um die Wahrheit verkraften zu können.

Mit siebzehn, achtzehn fuhr ich mit meiner Mutter auf eine Konferenz, bei der es um den Paragrafen 218 ‚Schwangerschaftsabbruch' ging. Auf dem Heimweg war ich wütend und sagte sehr hässliche Sachen über alle Frauen, die abtrieben. Ich wusste selbst nicht, woher diese Wut stammte, denn ich war immer lieb und nett erzogen worden. Wo kam diese Wut her?

Meine Mutter wurde ganz still und fuhr dann langsam an den Straßenrand. Sie sagte mir, sie könne diese Frauen verstehen, und dann erzählte sie unsere Geschichte. Dass ich ein Zwilling wäre. Dass meine Eltern durch ihre berufliche Situation kein drittes Kind bekommen konnten. Zu dieser Zeit war es für meine Mutter ein riesiger Schmerz, aber sie hatte keinen Ausweg sehen können. Sie ging zum Arzt, der am Ende des dritten Monats die Abtreibung vornahm. Einige Wochen später stellten sie fest, dass sich noch immer ein Embryo im Bauch meiner Mutter befand. Der Arzt sprach von einem Zwilling. Meine Mutter entschied für sich: ‚Gott, wenn es dich gibt, dann lass dieses Kind gesund zur Welt kommen.‘ Im ersten Moment dachte ich nur: Ich habe recht gehabt, ich spinne nicht. Es war erlösend, endlich zu wissen, dass ich nicht schizophren bin, sondern dass an meinen Gefühlen etwas Wahres dran ist.

Sie erzählte, nach meiner Geburt sei sie einfach so glücklich gewesen, dass sie sich ab dem Tag nicht mehr vorstellen konnte, ohne mich zu sein. Es war für meine Mutter eine Erleichterung, dass Gott ihr vergeben hat und diese Last nicht mehr auf ihr lag. Sie hatte noch mal eine Chance bekommen, ein gesundes Baby zur Welt zu bringen.

Da wurde mir klar: Jedes Mal, wenn ich nach meinem Zwilling gefragt habe, war es für sie ein tiefer Schmerz, und sie wünschte sich, es wäre nicht geschehen."

Weiß Anne, wie alt die beiden Embryos waren, als die Abtreibung stattfand? „Die Abtreibung wurde am Ende der zwölften Woche vorgenommen. Ich bin mir sicher, dass ich diese Trennung im Mutterleib damals im Unterbewusstsein sehr gut mitbekam. Dass da ein Todeskampf stattgefunden hat, den ich im Inneren gespeichert habe."

Wieso war Anne sich eigentlich so sicher, dass es eine Schwester war? „Diese Gewissheit lasse ich mir nicht nehmen. Ich hatte dieses Empfinden schon immer, von Anfang an."

Wurde diese unglückliche Abtreibung ein Gespräch in der Familie? „Es gab dieses Geheimnis nur zwischen Mutter und Tochter. Mit meinem Vater habe ich viele, viele Jahre nicht darüber gesprochen. Es war weiterhin ein Schweigen. Meine Mutter kämpfte noch immer mit ihren Schuldgefühlen, auch wenn sie glaubte, von Gott Vergebung zugesprochen bekommen zu haben. Und dann fingen auch bei mir diese Schuldgefühle an: ‚Warum hat mein Zwilling nicht überlebt, sondern ich?' Ich wunderte mich, warum ich sie mit mir herumtrug, und bin erneut zur Seelsorge. Dank vieler Gespräche erkannten wir, dass ich Schuld am Tod meines Zwillings empfand: Ich hätte mich zu dick gemacht, mich so verstecken müssen, dass der Zwilling Platz gehabt hätte, um sich mit mir zu verstecken. Ich verstand auf einmal meinen Wunsch, mich weghungern zu wollen. Warum ich immer den Eindruck hatte, ich würde mich zu breit machen, ich nähme zu viel Platz im Leben ein, ich hätte kein Recht auf dieses Leben.

Mit Mitte zwanzig lernte ich endlich, das Recht zu leben zu akzeptieren. Das war für mich eine enorme Freiheit."

Ich frage nach, ob die ganze Familie jetzt Ruhe gefunden hat. „Das hat leider nicht stattgefunden und das bedauere ich sehr. Wir als Familie können noch immer nicht offen darüber sprechen, weil dieses Thema mit so viel Scham behaftet ist. Es wird gern verleugnet und totgeschwiegen. Über den natürlichen Verlust eines Kindes redet man offener als über eine Abtreibung. Das finde ich sehr, sehr schade. Obwohl man als Betroffene gern darüber sprechen möchte. Nicht, um jemand anderen damit zu quälen, sondern um dem Schmerz Raum zu geben. Vielleicht könnte man sogar eine Zeit lang gemeinsam darüber traurig sein, dass ein Mensch in der Familie fehlt. Trauern ist schließlich wichtig. Aber das wird eben nicht zugestanden."

Was sagen Annes Eltern dazu, dass sie jetzt doch – allerdings nur anonym – über ihre Geschichte berichtet? „Es ist für meine Eltern noch immer sehr unangenehm, deshalb möchte ich weder im Buch noch im Film erkannt werden. Für das Buch habe ich mir einen anderen Namen ausgewählt: Anne. Der gefällt mir, das könnte ich sein. Ich will damit meine Eltern schützen. Sie würden sich zu Tode schämen, wenn Nachbarn oder Bekannte sie darauf ansprechen. Meine Mutter hat schon mal gesagt: ‚Hätte ich es ihr bloß nicht erzählt!' Aber ich bin darüber sehr, sehr dankbar, weil ich diese innere Freiheit im Leben sonst nicht gewonnen hätte."

Ich würde gern noch von Anne erfahren, wie sie zur Seele und werdendem Leben steht. „Jedes neue Leben ist ein Geschenk. Ich bin selbst Mutter von drei Kindern und hatte bei jeder Geburt unfassbares Glück verspürt. Ich denke, ein Embryo hat auch schon eine Seele und bekommt bereits im Mutterleib unbewusst vieles mit. Man bekommt es schon in die Wiege gelegt. Diese Vorstellung lasse ich mir von anderen auch nicht nehmen. Ich lebe mit dem Bewusstsein, diesen Kampf um Leben und Tod wirklich mitbekommen zu haben."

Mich beschäftigt die Frage, ob Anne Wut gegen ihre Eltern empfunden hat? „Ich habe mir immer gesagt, ich darf nicht wütend sein. Ich darf niemandem vorhalten, was er getan hat. Doch erst nach Jahren konnte ich mir eingestehen, dass ich diese Wut eigentlich jahrelang eingeeist habe, indem ich sie mir verboten habe. Gott sei Dank bin ich nicht zu meinen Eltern gegangen, sondern konnte diese Wut in einer Seelsorge-Sitzung rauslassen. Ich konnte meinen Eltern verzeihen. Das war eine enorme Erleichterung."

Wie lange hat es gedauert, bis Anne zur Ruhe gekommen ist? „Ich bin jetzt neununddreißig. Mit dreiunddreißig habe ich diese Sache hinter mir lassen können. In meiner Seele ist Frieden. Es freut mich, wenn ich Zwillinge sehe. Dieser Sturm in mir, dieser Kampf, sie sind zur Ruhe gekommen. Ich habe meinen Eltern von ganzem Herzen vergeben, dass sie diese Abtreibung durchgeführt haben und ich allein auf dieser Erde lebe – ohne meinen Zwilling."

Ich zeige Anne am Computer Ultraschallszenen von Zwillingen in der zwölften Woche. Sie wurden extra für dieses Projekt aufgenommen. Anne wirkt glücklich. „Ich liebe diese Szenen, diese Ultraschallbilder. Ich spüre, wie geborgen sich die Kinder fühlen. Sie haben schon richtige Formen angenommen, sie sind keine Embryos, sondern Babys. Wenn ich diese Bilder sehe, ist es für mich unverständlich, wie man heute von Zellklumpen sprechen kann. Für mich persönlich beginnt das Leben ab dem ersten Herzschlag, davon bin ich absolut überzeugt."

Kann sich Anne erklären, warum in Schwangerschaftsberatungen häufig von Zellklumpen oder Schwangerschaftsgewebe gesprochen wird? „Die Entscheidung wird so für die Mutter leichter. Aber ich glaube, wir machen uns das zu leicht, wenn wir nicht genügend aufklären. Das empfinde ich nicht nur für das Kind oder den Embryo, der abgetrieben wird, sondern auch für die Mutter. Sie wird in dem Glauben gelassen, es sei bloß ein Zellklumpen, den man entfernen lässt. Die werdende Mutter muss aber wirklich informiert werden, dass in diesem Stadium der Embryo bereits weit fortgeschritten ist, dass das Herz schon schlägt. Dass sie nicht im Unwissen bleibt. Nur dann kann eine Frau richtig entscheiden. Sie hat noch einmal die Chance, zu verstehen, was in ihrem Körper vor sich geht. Wenn ich mir vorstelle, ich dürfte jetzt nicht leben, dieses Leben nicht so leben, wie ich es gern möchte, weil ein anderer sagt, das passe gerade nicht, es sei nicht die richtige Zeit oder man sei nur ein Zellklumpen, macht mich das sehr, sehr traurig."

„Die Zwangsberatung
ist eine Einschränkung
des Selbstbestimmungsrechts.
Ganz klar."

Antje

Antje kommt 1957 in ðer Nähe von Kiel zur Welt. Nach nicht bestanðenem Abitur macht sie mit neunzehn zunächst eine Ausbilðung zur Erzieherin unð holt ðie Fachhochschulreife nach. 1987 beginnt ihr Stuðium ðer Sozialpäðagogik, 1990 hängt sie ein Stuðium auf Lehramt an, ðas sie jeðoch nach zwei Semestern abbricht. Seitðem ist sie als Sozialpäðagogin unð Familientherapeutin tätig. 1982 unð 1983 werðen ihre beiðen Töchter geboren, sie wohnt heute in Essen.

Antje war auf unserer ausgiebigen Recherche nach Frauen, die über eine Abtreibung sprechen wollten, eine der wenigen, die von sich sagten, sie bedrücken keine Schuldgefühle. Sie weiß das, als sie sich für ein Interview bereit erklärt. Ich besuche sie in einem Stadtteil von Essen. Ihr Wohnhaus, ein Mehrfamilienhaus, steht in einer Durchfahrtsstraße. Ich gehe die wenigen überdachten Stufen zur Haustür hinauf. Sofort ertönt der Summer und ich steige in den zweiten Stock. Antje empfängt mich freundlich an der Wohnungstür. Sie führt mich in einen Raum mit einem einladenden Esstisch. Rechts ist ein Durchgang in die große Wohnstube. Auf dem Tisch stehen bereits eine Thermoskanne mit heißem Wasser und Teetöpfe bereit. Sie betont, dass es ihr wichtig sei, nicht als „gefühllose" Frau dazustehen, weil sie – anders als viele andere Frauen – nicht unter ihren Abtreibungen leidet. Ich versichere ihr, dass gerade ihr Erleben für das Projekt sehr wichtig ist: Vielleicht finden wir ja eine Erklärung, wie es zu so unterschiedlichen Erfahrungen mit Abtreibungen kommen kann.

„Ich komme aus einer großen Familie mit vielen Geschwistern, wir waren fünf Kinder zu Hause, auch meine Eltern kommen aus großen Familien. Ich bin die dritte Tochter, wir sind vier Frauen, der Jüngste ist ein Mann." Ich frage nach der Rollenaufteilung in der Familie. „Meine Mutter war Hausfrau und Mutter, hatte aber auch einen erlernten Beruf: Schneiderin. Den hat sie auch zum Teil ausgeübt. Mein Vater war Maurer. Im Sommer und bei gutem Wetter hielt er sich natürlich im Akkord auf Baustellen auf und scheffelte Überstunden, doch im Winter und bei Schlechtwetter war er jemand, der uns ganz viel gezeigt hat. Er hat mit uns Iglus und Holzsachen gebaut, jeder durfte das Werkzeug benutzen und wurde angeleitet. Genauso, wie wir an der Nähmaschine bereits ganz früh irgendwelche Puppensachen genäht haben." Mich interessiert, ob es typische Wertevorstellungen in ihrer Familie gab. „Hilfsbereit zu sein, war ganz wichtig. Und Ehrlichkeit und Offenheit."

Gab es politische Ambitionen? „Meine Eltern sind beide in der SPD, mein Vater Gewerkschaftsmitglied. Beide waren auch sehr aktiv in der Gemeindepolitik, als Vertreter. Auch in Vereinen und Verbänden. Bei uns wurde viel diskutiert. Während meiner Teenie-Zeit wütete die RAF. Da gab es natürlich sehr viele Diskussionen darüber, was der Staat darf oder nicht darf: mit Kontrollen, Ringfahndungen an Grenzen, an denen Autos auseinandergenommen wurden. Wir hatten sehr unterschiedliche Auffassungen: Meine Geschwister und ich waren ein ganzes Stück weiter links orientiert und in autonomen Bewegungen. Mit Anfang zwanzig habe ich mich in einem Frauenzentrum engagiert und bin für Frauenrechte auf die Straße gegangen. Unter anderem auch für die Streichung des Paragrafen 218."

Ob da alle ihre Schwestern mitgemacht haben, würde ich gern wissen. „Das habe ich mit einer Schwester zusammen gemacht. Die anderen waren nicht so aktiv, hatten aber dieselbe Überzeugung und standen auch dahinter."

Hat auch ihre Mutter diese Haltung unterstützt? „Sicher. Das Selbstbestimmungsrecht der Frau stand immer ganz weit oben: ‚Frauen können das selbst entscheiden', war ihre Meinung."

Antje kommt auf die Zwangsberatung zu sprechen, die noch in Deutschland durchgeführt wird. In Frankreich und der Schweiz gibt es sie nicht mehr. Die Frauen können dort selbstbestimmt entscheiden. „Die Zwangsberatung bringt eine Bevormundung für die Frau mit sich. Jede Vorschrift halte ich für völlig unsinnig. Diejenige, die sich im Konflikt befindet, kann und soll natürlich die Möglichkeit haben, alle Informationen zu erhalten, die sie braucht, um eine Entscheidung zu treffen. Es vorzuschreiben ist aber eine Einschränkung des Selbstbestimmungsrechts, ganz klar."

Gab es religiöse Werte in der Familie? „Ja, mein Großvater war ein sehr gläubiger Mensch und hat trotzdem in der realen Welt und Wirklichkeit gelebt. ‚Mädchen müssen etwas lernen, Mädchen brauchen einen Beruf, von dem sie ihre Familie ernähren können. Und Mädchen, macht euch nie abhängig!‘ Er ist mit einer alleinerziehenden Mutter und drei Brüdern aufgewachsen, weil diese Frau ihren Mann 1914 vom Acker jagte, weil er sie betrogen hat."

Ich erkläre, dass mir diese Frage sehr wichtig ist, da ein Auslöser für die Schuldgefühle vieler Frauen die Vorschriften der Kirche sein können. „Wir sind evangelisch. Ich glaube, die jeweilige Religion macht einen Unterschied, denn das Evangelium bestimmt das Leben nicht so wie die katholische Kirche, sondern ist eher eine Idee: Es gibt etwas, das uns begleitet und beschützt, aber diesen strafenden Gott, den gab es so bei uns nicht."

Wir kommen zu ihren Vorstellungen, die sie als junge Frau von ihrem zukünftigen Leben hatte: „Mir war immer klar, dass ich Kinder haben will, und ich hatte den Wunsch, mit vielen anderen Menschen zusammenzuleben." Ich hake nach, was sie damit meint. „Ich wollte andere Wohnformen ausprobieren. Wir haben das später allerdings nicht gemacht. Wir waren eine Kleinfamilie mit den zwei Kindern."

Gab es konkrete Berufswünsche? „Auch da wollte ich immer gern mit Kindern arbeiten. Mein Traumberuf war Grundschullehrerin. Das habe ich allerdings im ersten Anlauf nicht geschafft, weil ich mein Abitur vermasselt habe. Bin dann erst mal Erzieherin geworden, habe die Fachhochschulreife nachgeholt und später Sozialpädagogik studiert, im Anschluss Lehramt. Habe das aber nach kurzer Zeit abgebrochen, weil Sozialpädagogik genau das war, was ich machen wollte."

Ich frage nach der ersten Schwangerschaft. „Ich war zwanzig und in der Ausbildung zur Erzieherin im zweiten Jahr. Die Idee, die Ausbildung mit einem Baby zu machen und die Beziehung aufrechtzuerhalten, erschien mir als unlösbar."

Wie kam es zu dieser ungewollten Schwangerschaft? „Ich bin trotz Pille schwanger geworden. Es ist gut möglich, dass ich ein Antibiotikum genommen und damit die Wirkung der Pille außer Kraft gesetzt habe. Das wusste ich zu dem Zeitpunkt nicht. Ich weiß nicht, ob es auf dem Beipackzettel stand, und wenn, dann habe ich es wahrscheinlich nicht gelesen oder überlesen. Ich weiß bis heute nicht, ob es wirklich so war."

Wie lief die Entscheidungsfindung für die Abtreibung? Mit wem hat sich Antje beraten? Sie greift mit ihrer linken Hand in ihr schönes dunkelbraunes Haar und schiebt es hinters Ohr. Sie wirkt sehr konzentriert. „Das war etwas, das ich mit meinem Partner und mit meinen Schwestern entschieden habe. Das hätte ich nicht mit meinen Eltern besprochen. Zu dem Zeitpunkt habe ich auch schon nicht mehr zu Hause gewohnt. Da war ganz klar eine Abnabelung und Eigenständigkeit. So war das auch mit meinem Partner, der ist neun Jahre älter als ich und hätte das in beide Richtungen unterstützt."

Ich erwähne, dass diese Zeit für Frauen oft von innerer Zerrissenheit geprägt ist. Wie hat sie es erlebt? „Es war eigentlich für mich ziemlich schnell klar, dass ich diese Berufsausbildung nicht abbrechen will. Wie sie aber mit Schwangerschaft und Geburt zu schaffen sein soll, überforderte mich. Ich habe mich dann für die Ausbildung entschieden. Ich wollte für mich unabhängig sein."

Mich interessiert, in welchem Jahr die Abtreibung stattfand. „1977 oder 1978 muss das gewesen sein." Wir erinnern uns gemeinsam, dass es damals einen erneuten Versuch von Abtreibungsgegnern gab, die Indikation zu stoppen. Viele Frauen gingen auf die Straße. „Ich brauchte damals eine Indikation für die Abtreibung, eine soziale. Der mögliche Abbruch einer Berufsausbildung und eines eigenständigen Lebens zählte." Standen die Indikationsgründe so detailliert im Schriftstück? „Nein, ich glaube, da stand nur soziale Indikation. Das musste der Arzt nicht wirklich begründen." Wie ging es dann weiter? War es damals einfach, einen Arzt zu finden?

„Ja, es war bekannt, auch übers Frauenzentrum, welche Ärzte einem die soziale Indikation ausstellen und welche

Ärzte einen Abbruch vornehmen. In welchen Praxen es so gehandhabt wird, dass es nicht strafend oder unangenehm ist."

Wir sprechen darüber, dass sich Frauen auch heute noch oft von Ärzten oder dem Pflegepersonal abgewertet fühlen. „Wenn man davon ausgeht, dass es ganz viele konfessionelle Krankenhäuser gibt, die einen Schwangerschaftsabbruch ablehnen, finde ich das nachvollziehbar. Aber auch ein Chefarzt kann sagen: ‚Nein, in meiner Gynäkologie werden keine Schwangerschaftsabbrüche durchgeführt‘, selbst wenn es ein anderer Arzt tun würde. Das finde ich bedenklich.

Für mich war das relativ einfach, weil ich von der Schwangerschaftsberatung genau wusste, wo ich hingehen muss. Der Arzt, der die Indikation ausstellte, tat das auch, ohne Schuldgefühle zu vermitteln."

In welcher Woche fand die Abtreibung statt? „Das weiß ich nicht mehr. Das war ganz früh. Ein Jahr später wurde ich erneut schwanger, weil dem Gynäkologen, der die Spirale eingesetzt hatte, vermutlich ein Fehler unterlaufen war. Er sagte, ich könnte eine Schwangerschaft fortsetzen oder die Spirale ziehen lassen und dann sehen, ob die Schwangerschaft sich hält. Wenn ich das nicht will, würde er einen Abbruch vornehmen. Ich überlegte, wie so eine Spirale in der Gebärmutter wirkt, dachte an das abgegebene Kupfer. Hat das Auswirkungen auf ein entstehendes Leben, auf Zellteilung, auf Wachstum? Die Entscheidung war ganz klar."

Kann sich Antje erklären, was der Arzt damals falsch gemacht hatte? „Keine Ahnung, das wird heute alles mit

Ultraschall kontrolliert, das war damals nicht so üblich. Es war zumindest ein großes Entgegenkommen, zu sagen, dass wir das ganze Brimborium mit Beratung und Indikation nicht bräuchten."

Wie verlief die Entscheidungsfindung bei dieser zweiten Abtreibung? „Ich habe ein Verhütungsmittel genutzt, weil ich nicht schwanger werden wollte. Leider hat es wieder einmal nicht funktioniert. Das heißt aber nicht, dass ich gezwungen bin, die Schwangerschaft auszutragen, sondern die Entscheidung für den richtigen Zeitpunkt bei mir lasse."

Gab es dann den richtigen Zeitpunkt? „Meine erste Tochter ist im Januar 1982 geboren. Das war ein geplantes Wunschkind. Fast fünf Jahre später. Kurze Zeit später bin ich wieder schwanger geworden. Diese Schwangerschaft war nicht geplant, aber okay. In unserer Familienplanung waren mindestens zwei Kinder vorgesehen, und deshalb setzte ich diese Schwangerschaft auch fort. Zwei Jahre später, 1985, wurde ich das fünfte Mal schwanger. Ich hätte gern noch mehr Kinder bekommen, aber die Situation in der Partnerschaft kriselte, und das war ein wesentlicher Grund zu sagen: ‚Okay ... mit zwei Kindern kann ich das gut allein schaffen, falls diese Partnerschaft auseinanderbricht. Mit einem dritten wird es erheblich schwieriger.‘ Das war dann die Entscheidung, diese Schwangerschaft nicht fortzusetzen."

Was sagte ihr Mann zu dieser Schwangerschaft? „Er war insofern immer involviert, dass er mir die Entscheidung überlassen hat." Ich werfe die Frage ein, ob er vielleicht

einen Wunsch ausgedrückt hat. „Nein, die Frage war
eher, ob wir ein weiteres Zusammenleben schaffen. Kriegen wir es als Paar hin, gut miteinander zusammenzuleben, oder ist an dieser Stelle eine Trennung angesagt?
Wir waren nie verheiratet, aber die Partnerschaft hat
weiter Bestand gehabt."

Ich beziehe mich auf eine Bemerkung im ersten Fragebogen, den Antje ausfüllte: „Diese dritte ungewollte
Schwangerschaft hat mich in einen starken Konflikt
gestürzt." – „Nach zwei Wunschkindern war es schwieriger diese Schwangerschaft zu beenden. Vor allem, weil
ich zwei wunderbare Kinder hatte und der Wunsch nach
einem weiteren bestand. Von daher war die Entscheidung nicht so eindeutig wie bei den ersten Malen.
Es war ein echter Abschied von der Möglichkeit
eines weiteren Familienzuwachses. Zumindest für den
Moment."

War dieses Kind tief in der Seele ein Wunschkind?
„Wunschkind nicht. Eher eine Möglichkeit, die Idee von
einem weiteren Kind. Die existierte schließlich. Es gab
die Möglichkeit, das in dieser Zeit zu realisieren oder
nicht. Aber es war nicht der richtige Zeitpunkt."

War diese Erfahrung bedrückend? „Das wäre eine falsche
Beschreibung. Es hat mich beschäftigt. Es hat mich auch
noch zehn Jahre später beschäftigt, als ich die Frage:
‚Wird es für mich noch ein drittes Kind geben?' mit ‚Nein'
beantwortete. Ich hatte zwei Krebserkrankungen durchgemacht. Da stand für mich fest: ‚Jetzt möchte ich keine
schnell wachsenden Zellen in meinem Körper.' Eine
Schwangerschaft sind schnell wachsende Zellen – inner-

halb von neun Monaten wird aus zwei Zellen ein ganzes Menschlein."

Davon hatte ich noch nie gehört. Kann eine Schwangerschaft eine Krebserkrankung beschleunigen? „Man weiß es nicht. Ich wollte jedenfalls keine schnell wachsenden Zellen, die anderen Zellen sagen können: ,Wachse mal wieder schnell.' Das war eine ganz klare Entscheidung. Damit musste dieser Kinderwunsch verabschiedet werden. Das habe ich aktiv gemacht.

Später führten wir in meiner sozialpädagogischen Weiterbildung ein Abschiedsritual für nicht geborene Kinder durch. Wir bekamen ein Blütenblatt einer Sonnenblume aus Tonpapier und schrieben darauf, wovon wir Abschied nehmen wollen, beispielsweise von der Option auf Mutterschaft, einem abgetriebenen Kind, einer Fehlgeburt. Auf diese Blütenblätter setzten wir Teelichter und schickten sie auf einem See auf die Reise. Das Sonnenlicht glitzerte auf dem Wasser. Das war sehr schön."

Antje weiß aus meinen Vorgesprächen, dass sich viele der Frauen, die ich durch meine Recherche kennengelernt habe, stark mit Schuldgefühlen und Bestrafungsängsten auseinandersetzen. Kann sie sich erklären, warum es ihr so viel leichter fällt, mit den Abtreibungen zu leben? „Ich denke, dass es wirklich ganz viel damit zu tun hat, dass es jedes Mal eine eindeutige Entscheidung war. Ob mit Bedauern oder nicht. Ich habe von anderen Frauen gehört, dass ein schlechtes Gewissen entstehen kann, wenn innerhalb der Familie, des Freundeskreises Abtreibungen verteufelt werden. Dass man insbesondere durch die katholische Kirche als Mörderin bezeichnet wird. Wenn die

Wertehaltung der Familie besagt, dass die Familie das nicht erfahren darf, entwickeln etliche Frauen große Ängste, verstoßen zu werden."

Antje spricht jetzt besonders überlegt. Ihre dunkelbraunen Augen blicken nach innen, sie ist sehr konzentriert. Ihre linke Hand streicht erneut das Haar hinters Ohr. „Hinzu kommt, dass der Gesetzgeber die Abtreibung noch immer verbietet und nur unter bestimmten Bedingungen erlaubt. Innerhalb der ersten zwölf Wochen, mit Beratung und dem Einhalten der Wartezeit zwischen Beratung und Eingriff ist es straffrei. Das heißt, man tut etwas Verbotenes, wird aber nicht bestraft. Das kann durchaus Schuldgefühle auslösen. Vieles hat mit der eigenen Wertehaltung zu tun. Für mich ist eine Frühschwangerschaft eine Möglichkeit, eine Option auf ein zukünftiges Leben. Ein Abbruch ist deshalb aber kein Töten. Es existiert noch kein eigenständiges Leben. Selbst diese frühen Frühchen ab der 24. Woche sind noch nicht selbstständig lebensfähig."

Ich frage, ob sie an eine Seele glaubt, und wenn ja, zu welchem Zeitpunkt diese Seele entsteht. „Wenn sie willkommen ist. Wenn eine Schwangerschaft keine abstrakte Schwangerschaft mehr ist, sondern der Wunsch nach einem Kind. In dem Moment wird der Embryo sofort zu einem Baby, egal, ob es die dritte oder siebte Woche ist. Ich glaube, das ist der Moment, wenn man sagt: ‚Hallo, du bist uns willkommen.'"

Ich teile mit Antje meinen Gedanken, ob es für Frauen hilfreich wäre, den abgetriebenen Fötus begraben zu dürfen. „Das machen ganz viele Ärzte. Die Föten werden gesammelt, und in einigen Städten gibt es Bestatter, die sie einmal im Vierteljahr beisetzen." Wo auch die Fehlgeburten, die sogenannten Sternkinder, begraben werden können? „Das kann sein. Aber so genau weiß ich das nicht. Dabei wird aber schon sehr personifiziert. Für mich ist das – wie gesagt – eher die Option auf ein mögliches Kind."

Ich spreche Antje auf meinen Wunsch nach einer besseren Verhütung an. Eltern und auch die Schulen müssten zur lückenlosen Aufklärung verpflichtet werden. Besonders die sogenannten Verhütungsunfälle müssten deutlicher zur Sprache kommen. „Ja, aber ich bin mit der Pille schwanger geworden, ich bin mit der Spirale schwanger geworden. Ich habe Verhütungsmittel benutzt und war auch ganz sicher, sie richtig verwendet zu haben, nur leider fehlten mir entscheidende Informationen."

Gibt es einen Rat, den Antje an Frauen weitergeben möchte, die entweder gerade in einer Abtreibungssituation sind oder später nur schwer damit leben können? „Es ist wichtig, zu der Entscheidung zu stehen, sich zu verabschieden und nicht alles in den Rucksack zu packen, um dann daran festzuhalten, dass das Leben doch so anders hätte verlaufen können, wenn die Entscheidung eine andere gewesen wäre.

Ich finde, dass wir zu wenige Abschiedsrituale haben. Bei uns muss immer alles ganz schnell gehen. Ich könnte mich von einer Schwangerschaft verabschieden, indem ich sage: ‚Schade, das passt jetzt gerade nicht in mein Leben. Ich habe keine andere Lösung, deshalb beende ich die Schwangerschaft. Ich verabschiede mich von dieser

Option.' Man kann vielleicht ans Wasser gehen oder an eine schöne Stelle im Wald und sein privates Abschiedsritual durchführen."

„Ich weiß,
es wäre ein Mädchen geworden.
Da bin ich mir ganz sicher."
Ilona

Ilona wird 1956 in Duisburg geboren. Nach ihrem Hauptschulabschluss absolviert sie eine Ausbildung zur Schuhverkäuferin. Mit neunzehn heiratet sie und bringt ihren ersten Sohn zur Welt. Nach zehn Jahren reicht sie die Scheidung ein. Zwei Jahre später heiratet sie ihren zweiten Mann, es werden drei weitere Söhne geboren. Nach achtzehn Jahren Ehe begeht ihr Mann Selbstmord. Als alleinerziehende Mutter von vier Söhnen nimmt sie keinerlei Sozialhilfe in Anspruch und verdient sich ihren Unterhalt als Reinigungskraft.

Ich treffe Ilona in einem Friseursalon. Dort putzt sie immer am Montag. Wir sitzen mit dem Rücken zum großen Auslagenfenster auf alten Kinostühlen mit lila Plüschüberzug. Überbleibsel aus dem Verkauf des alten Mobiliars aus Düsseldorfs Arthouse Kino „Metropol". Sechs Friseurplätze befinden sich vor uns. Am Boden stehen Eimer und Wischmop. Ihre Gummihandschuhe hängen über einem Stuhl. Als Erstes fallen mir ihre bergseeblauen, großen Augen auf, als hätten sie Türen ins Innere, die weit geöffnet sind. Ilona ist achtundfünfzig. Welch tapfere Frau mir entgegentritt, merke ich während unserer Gespräche. Sie spricht klar und ohne Scheu ihre Gefühle aus. Wir treffen uns viermal. Der folgende Text ist eine Zusammenfassung.

Ilona eröffnet das Gespräch mit ihrer Überzeugung, dass das abgetriebene Kind ein Mädchen geworden wäre. „Ja, ich glaube, es wäre eine ‚Sie' geworden, mein Mann hat es sicher auch geglaubt und mir das deshalb nicht verziehen. Ich weiß aber nicht, wieso ich es weiß. Abends, wenn ich auf dem Sofa sitze, rede ich mit mir: ‚Du hast ja dein Mädchen getötet.' Und dann denke ich, dass ich deswegen meine Strafe bekommen habe." Ich frage nach, welche Strafe sie meint. „Dass er mich so geprügelt hat."
Bevor wir in die schwierige Zeit ihrer zweiten Ehe einsteigen, bitte ich Ilona, etwas von ihrer Jugend zu erzählen. „Ich bin das dritte von fünf Kindern. Habe schöne, aber auch schlechte Jahre erlebt. Mein Vater hat damals sehr viel getrunken. Ich wollte meine Mutter

beschützen – aus Angst, die man als Kind in solchen Situationen hat. Es war immer am Wochenende. Aber im Großen und Ganzen war es eigentlich schön.

Als ich älter wurde, war mein Vater wegen der Jungs sehr streng. Ich war das erste Mädchen in der Familie und mein Vater hat mich beschützt. Ich durfte nirgendwo allein hingehen. Mit siebzehn musste ich schon um acht Uhr abends zu Hause sein. Er brachte mich zur Lehrstelle, holte mich ab und so weiter."

Ich bin neugierig, wann sich Ilona zum ersten Mal verliebte. „Mit siebzehn lernte ich meinen ersten Mann kennen. Mit neunzehn heirateten wir. Er betrog mich mit meiner Schwägerin. Mein Bruder hat seiner Frau zwar verzeihen können, aber ich konnte das nicht. Wenn ich jemanden liebe, liebe ich ihn, und da kann kommen, was will. Ich konnte es nicht vergessen. Und immer wieder kam er und hat geweint, und ich habe auch geweint. Aber ich konnte es nicht verzeihen. Zwei Jahre später lernte ich meinen zweiten Mann kennen."

Wie sahen die Vorstellungen der jungen Ilona von einer guten Ehe aus? „Harmonie und Liebe, und dass man sich versteht. Dass wir beide für die Kinder da sind, uns gegenseitig ehren und achten. So kannte ich das früher von meinen Eltern, auch wenn mein Vater trank. Mama war immer da. Ich bin eigentlich wie meine Mama, immer für die Kinder da."

Hatte Ilona den Wunsch, viele Kinder zu bekommen? „Nein. Ich habe gedacht, einen Jungen und ein Mädchen. Zwei wollte ich nur. Dann habe ich doch vier gekriegt ..."

Ilona denkt nach und spricht dann leise weiter. „... und

eines abgetrieben. Eigentlich habe ich fünf Kinder, vier Jungs und das Mädchen. Ja, und ich liebe sie alle!"

Ich frage Ilona nach ihrer zweiten Ehe. „Mein Mann hatte Kfz-Schlosser gelernt bei der Deutschen Bundesbahn. Dort dürfen sie nie trinken. Mein Schwiegervater wohnte in einem Zechenhaus. Wir sind zu ihm gezogen. Als er gestorben ist, wollten wir das Haus behalten. Deshalb fing mein Mann auf der Zeche an, als Kfz-Schlosser. Da hat er nur noch malocht. Er hat den Meisterbrief gemacht, Lokführer, Vorarbeiter. Bei der Zeche dürfen sie ja trinken. Wer unter Tage gearbeitet hat, durfte das. Da hat er angefangen. Nach den ersten acht Jahren begann er, mich zu schlagen. Nüchtern war er der liebste Mensch, aber sobald er getrunken hatte ..." Ilona holt tief Luft. „Was ich alles erlebt habe: Er hat mich die Treppe heruntergestoßen, ich habe hier alles voller Narben." Sie zeigt mir ihren Arm.

Ich bitte sie, zu erzählen, wie oft ihr Mann sie geschlagen hat. „Etwa zweimal die Woche, meistens am Wochenende. Die Kinder hat er nicht verprügelt, nur mich. Es war ihm auch egal, ob die Kinder noch auf waren oder schon im Bett."

Mir schießt die Frage in den Kopf, ob Ilona versucht hat, sich zu wehren. „Ja, natürlich. Ich habe mich gewehrt. Um nicht so viel abzukriegen, habe ich ihn getreten und weggeschubst. Nur, was kann eine Frau gegen einen Mann ausrichten?"

Ich frage, warum sie nach drei Geburten in dieser schweren Zeit ihrer Ehe wieder schwanger wurde. „Ich bin dumm gewesen. Ich dachte, ich hätte ja die sechs Wochen

Blutungen, da kann man nicht schwanger werden." Ich frage, warum Ilona das nicht wusste. „Ich habe mit meinen Eltern nie darüber geredet. Ich habe eigentlich nie irgendjemanden gefragt. Wenn die sechs Wochen Blutungen zu Ende waren, habe ich wieder meine Pille genommen, und dann war das wieder in Ordnung. Ich muss nach einer Woche wieder schwanger geworden sein." Hat denn nie ein Arzt mit ihr über Verhütung nach der Geburt gesprochen? „Nein. Wer denkt denn, dass eine Frau, die so alt ist, das nicht weiß? Ich habe es nicht gewusst. Und das war mein Verhängnis. Manuel war damals erst ein paar Wochen alt. Ich merkte es aber sofort. Erst habe ich es verdrängt und dann gedacht, ich muss zum Arzt. Ich nahm meine Schwester mit. Ich war damals schon nervlich am Ende und dazu kam der ganze Stress mit Manuel. Er hatte immer Fieberkrämpfe, an denen er fast gestorben ist. Ich habe damals nur zweiundvierzig Kilo gewogen. Der Arzt hat mich gefragt – ich war in der vierten Woche –, ob ich das Kind bekommen möchte. ‚Nein', habe ich geantwortet." Was hat ihr Mann damals dazu gesagt, dass sie wieder schwanger war? „Das war ihm total egal. Er hat gesagt, ich soll machen, was ich will … Er konnte ja auch nicht viel sagen, weil er nur betrunken war." Mit wem hat Ilona noch über ihre Schwangerschaft gesprochen? „Nur mit meiner kleinen Schwester. Bis auf sie, weiß es nur Manuel. Dem habe ich das mal erzählt, als er dreizehn war. Es war meine kleine Schwester, die mich begleitete und alle Ämtergänge mit mir unternahm."

Es drängt sich mir die Frage auf, warum sie nicht mit ihren Eltern darüber gesprochen hat. „Mein Vater hat immer gesagt: ‚Geh von dem Mann weg!' Und wenn ich wieder schwanger war: ‚Wieso hast du schon wieder ein Kind gekriegt? Verlass ihn!' Und meine Mutter hatte Herzinfarkte. Ich wollte sie mit so etwas nicht auch noch belasten."

Ich bitte Ilona, zu erzählen, wie es nach dem Besuch beim Frauenarzt weiterging. „Ich musste noch eine Bescheinigung von der Beratung einholen. Da bin ich mit meiner Schwester hingefahren. Der Tag war nicht schön. Ich habe gezittert, Angst gehabt, sie würden sagen, ich müsse das Kind kriegen. Früher war das noch so. Aber als sie mich sahen – ein Häuflein Elend – haben sie eingewilligt." Wie alt war Ilona damals? „Fünfunddreißig. Ich bin dann nach Hause. Mein Mann wusste von dem Termin. Er las sich das Papier nicht einmal durch. Ich zeigte ihm, wo er unterschreiben muss, und dann war das für ihn erledigt. Wir beide haben nie mehr darüber gesprochen. Ich habe mir dann eine Tagesklinik ausgesucht. Meine Schwester hat mich begleitet. Ich bin einfach eingeschlafen, aufgewacht und habe gedacht: Das war's! Ich habe das einfach verdrängt."

Ich würde gern genauer erfahren, wie es ihr damals ging, welche Gefühle sie empfand. Hatte sie am Abend vor der Abtreibung Angst? „Gar nichts. Ich habe keine Angst gehabt. Ich habe einfach nur gedacht: ‚Morgen gehst du, und es ist das Richtige, was du tust.' Dann bin ich morgens zur Tagesklinik. Mir wurde erklärt, dass sie es absaugen und ich wegen der Vollnarkose den ganzen Tag dableiben würde."

Gibt es weitere Erinnerungen an den Tag der Abtreibung oder an die Stunden zu Hause? „Nein. Ich hatte innerlich alles abgeschaltet und keine Zeit mehr, darüber nachzudenken. Ich bekam sie erst, nachdem die Jungs groß waren, nachdem mein Mann tot war und ich Ruhe hatte. Von dem Tag der Abreibung an ging es eigentlich nur noch bergab. Unsere Ehe war nur noch Terror. Einmal musste ich mich vor meinen Kindern nackt ausziehen und sagen, was die Kleider alle gekostet hatten."

Trotz dieser sehr schwierigen Phase in ihrer Ehe wurde Ilona nach sechs Jahren erneut schwanger. Wie kam es dazu? „In den Jahren nach der Abtreibung habe ich nicht mehr bei ihm geschlafen, sondern auf der Couch oder bei den Kindern. Zu Sex war er wegen des Alkohols gar nicht imstande. Aber er kam eines Sonntags früher von der Arbeit und ich lag im Ehebett, wo ich mich sonst gar nicht mehr aufhielt. Da ist es passiert, gegen meinen Willen."

Die Frage liegt nahe, ob Ilona in dieser Situation wieder an eine Abtreibung dachte. „Mein Frauenarzt sagte, ich soll es mir überlegen. Ich war einundvierzig. Bei der Fruchtwasseruntersuchung ist mir die Fruchtblase geplatzt. Die Ärzte fragten, ob ich das Kind bekommen wolle, und ich bejahte. Sechs Wochen habe ich im Krankenhaus gelegen. Jeden Tag Ultraschall. Marcus war ganz, ganz klein und lag in ganz wenig Fruchtwasser. Aber er hat so um sein kleines Leben gekämpft! Es war gut, das Kind zu kriegen. Er ist ein lebenslustiger, kleiner Kerl."

Wann hatte Ilona es geschafft, sich von ihrem Mann zu trennen? „Ich habe damals überhaupt keinen Bock mehr gehabt, zu kämpfen. Wenn er nach Hause kam, ging er sofort in den Keller, um zu trinken." Ich frage, ob es einen auslösenden Moment für die endgültige Entscheidung gab? „Als er einen Rasenkantenschneider nach Marcus warf und den Kleinen fast erschlug, habe ich meine Sachen gepackt und bin ins Frauenhaus gegangen. Ein dreiviertel Jahr haben wir dort gelebt. Ich hatte in der Zeit eine Wohnung gefunden. Damit kam mein Mann nicht zurecht. Er merkte, dass ich nicht mehr zurückkomme. Ja, und da hat er sich aufgehängt. Am 10. Oktober 1999 hat er uns alle in unser Haus bestellt. Nach dem Aufschließen der Haustür sahen wir ihn am Strick hängen. Er war noch am Zappeln."

Es ist schwer, sich vorzustellen, es so lange in einer solchen Ehe auszuhalten. Was war der Grund dafür, dass Ilona so lange gewartet hat, um sich von ihrem Mann zu trennen? „Wo hätte ich mit vier kleinen Kindern hingehen sollen? Ich wusste anfangs nichts von Frauenhäusern. Ich wollte immer alles retten. Heute bin ich der Ansicht, sein Selbstmord war das Beste, was er machen konnte. Er hätte uns nie in Ruhe gelassen, niemals. Ich bin so froh: Alle meine Jungen trinken nicht.

Er ist jetzt dreizehn Jahre tot, die Kinder sind nicht einmal auf dem Friedhof gewesen. Nur Manuel fährt hin, bringt ihm Blumen. Ich kann nicht hin. Nur das erste halbe Jahr bin ich hingegangen. Doch sobald ich dastand, habe ich ihn gehasst. Und das wollte ich nicht."

Wie hat Ilona das alles geschafft? Vier Kinder allein großzuziehen und das nötige Geld zu verdienen? Sie antwortet mit Stolz in der Stimme. „Ich war von einem Tag auf den anderen mit meinen Kindern allein. Ich habe niemanden um Unterstützung gebeten. Immer viel geschafft. Sie alle haben Abitur gemacht. Der Älteste ist Maschinenmechaniker (geändert), der zweite beim Finanzamt (geändert), Manuel macht seine Lehre als Friseur hier in dem Laden und Marcus geht auf ein Elitegymnasium. Manchmal frage ich mich, woher ich die Kraft genommen habe. Ich lebe im Hier und Jetzt. Ich genieße eigentlich jeden Tag, obwohl ich viel arbeite. Nur an manchen Abenden kommt alles hoch. Dann wünsche ich mir, ‚sie' säße neben mir auf dem Sofa.

Mittlerweile denke ich viel daran: Hätte ich es doch geschafft? Die Jahre, nachdem Manuel geboren wurde, waren die schlimmsten. Vielleicht habe ich damals im Hinterkopf gehabt, dass ich ja gar nicht wollte, dass ein Kind in so ein Zuhause geboren wird. Vielleicht habe ich dem Kind vieles erspart."

Ich gebe meinen Eindruck wider, dass Ilona noch Schuldgefühle plagen. Hat sie schon den Gedanken gehabt, dass sie sich verzeihen darf? „ Nein, nein. Nein." Ihre Stimme wird leise und fragend. „So etwas kann man doch nicht verzeihen. Ich sage mir jetzt, wo es mir besser geht, dass ich hätte kämpfen sollen ..." Ilona weint. Hilflos und vergeblich suche ich nach einem Papiertaschentuch in meiner Tasche. Ich erzähle ihr, dass viele Frauen mit ihren abgetriebenen Kindern sprechen. Macht sie das auch? „Ja, ich sage, dass sie mir fehlt. Wie schade es ist, dass ich sie nicht anrufen kann und sie mal schnell zu mir rüber kommt. Die letzte Zeit denke ich oft an sie, weil ich sehr viel allein bin."

Manuel betritt das Geschäft. Ilona erzählt ihm, dass wir über ihre Abtreibung sprechen. Ich frage ihn, seit wann er es weiß. „Ich glaube ich war zwölf oder dreizehn, sie hat damals sehr viel geweint. Da hat sie mir erzählt, warum. Aber wir waren nicht so wie diese Assi-Familien. So war es auf keinen Fall. Wenn die Situation halt manchmal nicht passt, denke ich, sollte man sich keine Vorwürfe machen." Manuel holt sich etwas und geht wieder.

„Wenn ich ein Enkelkind hätte, dem ich meine Liebe geben kann, könnte ich etwas wiedergutmachen. Aber gutmachen brauche ich eigentlich gar nichts, ich war immer für alle da ... aber dafür nicht ..." Ilona fragt mich, ob ich nicht auch traurig wäre wegen meines abgetriebenen Kindes. Ich bejahe es. Ich komme auf das Thema „Gott" zu sprechen. Viele Menschen suchen Trost und Hilfe im Gebet. Wie steht Ilona dazu?

„Nein, ich glaube nicht an Gott. Überhaupt nicht. Wie oft habe ich ihn gebeten: ‚Bitte mach, dass mein Mann nicht mehr trinkt und nicht mehr schlägt. Bitte hol mich hier raus.' Ich bin auch in keiner Kirche. Meine Kinder hatten zwar alle Kommunion, aber als ich da rein bin, habe ich nicht zugehört. Gott hat meinen Bruder zu früh sterben lassen, meine kranken Eltern möchten gehen, und die lässt er nicht. Mein Vater zerfällt, all seine Knochen lösen sich auf. Meine Mutter hatte vier Herzinfarkte. Und wenn ich sehe, dass Kinder Krebs haben und er sie so leiden lässt – das tut man Kindern nicht an ... Nein!"

Ilona bringt das Gespräch auf das Buch, das auch mit ihrer Hilfe entstehen soll. „Es hat mal wieder gutgetan, zu reden. Ich hoffe, wenn das Buch kommt, werde ich

lesen, was andere Frauen sagen." Ilona wollte anonym
bleiben. Bleibt es dabei? „Heute nach unseren Gesprächen denke ich mir, ich habe nichts zu verbergen. Ich
habe früher genug Angst gehabt. Heute will ich keine
Angst mehr haben und nichts mehr verheimlichen. Das
kann auch ruhig jeder wissen." Ich bestärke sie in dieser Entscheidung, mir scheint es
wie ein Akt der Befreiung. Zum Abschluss bitte ich Ilona
darum, Frauen, die in derselben Situation sind, einen Rat
zu geben. „Sie müssen es alles für sich selbst entscheiden. Alles auswägen, welche Vor- und Nachteile es gibt.
Viel mehr kann man da auch gar nicht tun. Und sie sollen
sich Hilfe holen, wenn sie es können, viel darüber reden
und es nicht in sich hineinfressen."

„Wir wollten
mit ihm vorher noch
in den Himmel steigen."

Christiane und Andreas

Christiane ist Jahrgang 1971, Andreas 1961. Sie arbeitet als Ärztin, er ist studierter Sozialpädagoge. Beide möchten in keinem Fall erkannt werden. Obwohl ihr Kind schwerstbehindert war und eine medizinisch erlaubte Abtreibung vorgenommen wurde, fürchten sie sich vor Schuldvorwürfen und Verachtung, die ihnen entgegengebracht werden könnten, wenn Leser sie identifizieren. Ihre Namen wurden geändert.

Christiane: „Meine Eltern waren sehr konservativ. Sie sind nun mal Kriegskinder mit den damit verbundenen Ängsten. Mein Vater war Raumausstatter, meine Mutter Schneiderin. Sie haben zusammen ein Geschäft aufgemacht." Ich frage nach den Wertevorstellungen in der Familie. „Man sollte etwas Ordentliches machen. Etwas Ordentliches werden. Jemanden Ordentliches kennenlernen. Fleißig sein. Nicht zu viele verrückte Dinge tun. Meine Eltern wendeten viel Energie auf, ihr Verhalten nach außen hin zu rechtfertigen. Gerade das Thema Sexualität war sehr wichtig. Sie hielten meine Schwester und mich sehr an, unbedingt aufzupassen. Dass wir ungewollt schwanger wurden, durfte unter gar keinen Umständen passieren."

Wie sah es mit der Aufklärung aus? Christiane lacht. „Die Aufklärung ist über die ,Bravo' bei den Freunden passiert." Hatte sie als junges Mädchen Vorstellungen, wie ihr Leben als Frau einmal aussehen könnte? „Ja, irgendwann finde ich den Mann, den ich liebe, heirate ihn und bekomme Kinder." Wir überspringen zwei Jahrzehnte. Wann hat sie den Mann getroffen, mit dem sie Kinder haben wollte? „Ich denke bei mir war es wie bei vielen Frauen heute: Ich habe den Wunsch hinausgezögert, unbewusst. Mein Mann und ich haben uns erst spät kennengelernt, da war ich schon sechsunddreißig. Da kam dann der Kinderwunsch."

Andreas, Christianes Mann, setzt sich zu uns und greift den Gesprächsfaden auf: „Ich muss sagen, ich hatte anfangs erhebliche Zweifel, ob ich überhaupt noch ein Kind möchte. Ich war Mitte vierzig, hatte dieses Thema für mich eigentlich abgeschlossen. Dann trat meine Partnerin mit dem Wunsch an mich heran, und wir sagten uns: ‚Gut, wenn es passiert, dann passiert es halt.‘ Als es nicht klappte, fassten wir den Entschluss, uns medizinische Hilfe zu holen." Wie schnell kam es dann zur Schwangerschaft? Christiane erzählt: „Zuerst wurde drei Mal eine Insemination (= Samenübertragung) versucht. Das war nicht erfolgreich. Dann eine In-vitro-Fertilisation (= Befruchtung im Glas), bei der zweiten hat es funktioniert. Wir haben uns total gefreut. In dem Jahr wurde ich vierzig und mein Mann fünfzig. Wir hatten vor, eine große Feier zu planen, und dachten: ‚Wie schön. Dann können wir das verkünden.‘ Die Feier hat letztendlich nicht stattgefunden, weil die Nachricht dazwischen kam, dass das Kind nicht gesund sei."

Ich würde gern erfahren, wann sie das erste Mal über ein mögliches Problem informiert wurden. „Aufgrund meines Alters war das Bewusstsein natürlich schon da. Ich habe aber nicht mit Problemen gerechnet. Bisher gab es bei keiner meiner Freundinnen, die bei ihrer Schwangerschaft so alt oder noch älter waren, medizinische Komplikationen. Wir hörten es zum ersten Mal beim Zwölf-Wochen-Ultraschall, unser erster Ultraschall. Ich war völlig berauscht, habe aber gemerkt, dass irgendetwas nicht stimmt. Die Ärztin hat sich tierisch angestrengt, noch in allerlei Positionen zu messen. Dann ist sie kurz hinausgegangen und sagte uns im Anschluss, dass es nicht gut aussieht. Sie müsse uns zu einem Spezialisten überweisen. Es wurden das Trimesterscreening und eine erneute Nackenfaltenmessung durchgeführt. An der

Dicke der Nackenfalte lässt sich beim Ultraschall erkennen, ob ein Risiko für ein Downsyndrom vorliegt. Bei unserem Kind war die Nackenfalte zehn Mal so breit als normal." Was ging in diesen Tagen in ihnen vor? Wie war das auszuhalten? „Das war bei mir noch gar nicht richtig angekommen. Wir lagen abends im Bett und ich sagte: ‚Nee, unser Kind hat nichts.' Ich wollte das nicht wissen. Es sollte einfach nicht sein."

Ich hake nach, ob es noch eine kleine Chance gab, dass die Diagnose sich noch hätte ändern können. „Na ja, eigentlich nicht. Aber ich dachte: ‚Ach die Ärztin, die kann das nicht. Das Ultraschallgerät war nicht gut.' Alles Mögliche habe ich mir so zurechtgelegt, damit der Gedanke erträglich wird. Drei Tage später war ich in der Spezialisten-Praxis Koslowski, die genau das Gleiche gemessen und auch weitere Dinge gesehen haben. Es wurde auch eine Probe vom Mutterkuchen entnommen. Das war vor dem Wochenende, an dem ich vierzig wurde. Wir mussten über das Wochenende auf das Ergebnis warten. Das war fürchterlich."

Mir drängt sich die Frage auf, ob und wann das Thema Abtreibung von den Ärzten angesprochen wurde. „Nein, nein, erst mal nicht. Ich denke für die Ärztin war es bereits klar, dass es vermutlich ein Downsyndrom ist. Sie sagte später, dass sie deshalb zwischendurch rausgehen musste, um sich Mut zuzusprechen. Ich hoffte weiterhin, es würde dabei etwas völlig anderes herauskommen. Irgendwas, das man beheben kann. Irgendwas, das wir händeln können. Montags musste ich dann im Labor anrufen. Die Ärztin bestätigte das Downsyndrom, wusste aber noch nicht, welche Form vorlag. Es war von leicht bis schwer alles möglich.

Wir hatten ein weiteres Gespräch in der Praxis Koslowski. Sie erklärte uns, dass es sich um ein Downsyndrom handelte, das in jeder Zelle zu finden ist und nicht nur in jeder zweiten. Dies würde darauf hindeuten, dass es eher eine schwere Beeinträchtigung sein wird. Sie erkundigte sich nach unserer Entscheidung. Es war klar, wenn es ein sehr behindertes Kind werden würde, dass dann doch der Abbruch der wahrscheinlichere Weg sei. Im Anschluss führten wir ein Gespräch mit einer Beraterin bei Donum Vitae. Das fand ich sehr gut."

Andreas springt ein: „Ja. Sie ist auf uns eingegangen, informierte uns über die Möglichkeit einer Abtreibung, und über die, es zu bekommen und zur Adoption freizugeben. Oder das Kind entscheiden zu lassen." Was ist damit gemeint, will ich wissen. „Ob es die Schwangerschaft überlebt oder nicht."

Christiane: „Genau. Ob es leben will oder nicht. Nicht, dass wir es entscheiden müssen, sondern das Kind." Andreas: „Ich hatte zuvor sehr viel von Beratungsgesprächen gehört, bei denen einem ins Gewissen geredet wird, so nach dem Motto: Willst du das wirklich machen?"

Christiane: „Wir hatten die Moralkeule erwartet, aus welcher Richtung auch immer." Andreas: „Wo wir uns rechtfertigen und zur Wehr setzen müssen."

Ich erzähle, dass ich in Gesprächen oft das Gegenteil höre. Dass bei medizinischen Abtreibungen Betroffene häufig das Gefühl haben, zur Abtreibung gedrängt zu werden. Andreas: „Nein, bei uns nicht."

Christiane: „Aber trotzdem ist es auch eine Gewissensfrage: Darf ich das überhaupt? Wie kann ich das mit meinen eigenen Werten vereinbaren? Was macht es mit mir selbst? Wie fühlt man sich dabei? Wir haben uns sehr stark damit auseinandergesetzt. Ich denke, es spiegelt auch die eigenen Ängste und die eigene Moral wider. Klar, ich darf. Und trotzdem durchläuft jeder, auch wenn es rechtlich erlaubt ist, seinen eigenen moralischen Gerichtshof." Christiane atmet tief durch. „Ich merke ... es kommt wieder hoch. Die Erinnerungen sind wieder da wie ein Blitz. Puh, es war für mich eine der schwersten Zeiten, die ich durchstehen musste."

Was meinte die Ärztin mit dem Gedanken, das Kind entscheiden zu lassen, genau? Christiane: „Ob es in meinem Bauch überleben will oder nicht. Natürlich, sobald es geboren ist, ist man verpflichtet, es am Leben zu erhalten."

Mich interessiert, wie groß die Wahrscheinlichkeit gewesen ist, dass das Kind während der Schwangerschaft sterben würde. Christiane: „Keiner sprach davon, dass es die Schwangerschaft nicht überleben könnte. Es war unklar. Das Kind könnte auch schwerstbehindert zur Welt kommen und leiden. Ich merkte, wie sehr diese Frage meine moralischen Vorstellungen und meine Sicht auf die Welt beanspruchte. Ich wusste, dass ich an meine Grenzen stoße. Was bedeutet jeder Schritt? Die Entscheidung, unser Kind sterben zu lassen – um es mal krass zu formulieren –, war wie eine Vollbremsung auf der Autobahn, umdrehen und wieder zurück. Es zur Adoption freizugeben kam nicht infrage, weil ich in der Zeit der Schwangerschaft eine zu starke Bindung aufgebaut hätte und es dann nicht in irgendwelche Hände geben könnte. Das Kind entscheiden zu lassen, war auch keine wirkliche Option. Sie informierte uns auch über die Möglichkeit, das Kind beerdigen zu lassen. Und sie versprach uns, im Anschluss für uns da zu sein, sollten wir irgendwelche Fragen haben. Sie könnte uns Kontakte zu Eltern von Kindern mit Downsyndrom vermitteln." Das wäre meine nächste Frage gewesen. Haben Christiane und Andreas diese Möglichkeit wahrgenommen? „Nein, das haben wir nicht. Ich weiß gar nicht mehr genau, wie es war. Wir hatten weitere drei Wochen Bedenkzeit. Als wir uns für den Abbruch entschieden, bekamen wir schon für vier Tage später den Aufnahmetermin. Wir wollten aber zuerst noch die Ballonfahrt als Abschiedsritual machen. Wir nahmen Felix hoch mit in den Himmel. Erzähl du das mal."

Andreas: „Wir sind auf die Idee gekommen ..." Er unterbricht sich und unterdrückt seine Tränen. „Mir wird schon wieder ganz anders. Wir nahmen einen kleinen Heliumballon mit, steckten ihn in einen Karton, zusammen mit unseren Botschaften. Unsere innersten Empfindungen schrieben wir mit einem wasserfesten Stift auf diesen kleinen Ballon. Das war ein Abschied für unser Kind. Das Ganze war unglaublich emotionsgeladen. Der ganze Ablauf war wie von Gottes Hand gesteuert. Unterwegs begegneten wir Kranichen. Es war irgendwie irre."

Ich bin neugierig und würde gern wissen, was auf den Zetteln stand. Andreas seufzt: „Für unseren Felix in Liebe. Für unser Kind, das wir nicht kennenlernen durften." Wann haben die beiden dem ungeborenen Kind den

Namen Felix gegeben? Andreas: „Ziemlich bald nach der Entscheidung. Nach mehreren Stunden entließen wir den kleinen Ballon in die Freiheit. Er schwebte immer höher und immer höher. Wir wollten den Ballon nicht aus den Augen lassen." Christiane und Andreas überwältigt die Erinnerung. Sie greifen nach ihren Händen und lassen den Tränen ihren Lauf.

Andreas: „Wir sind bis auf 2000 Meter hinter dem Ballon her. Wir sahen ihn noch als winzigen Punkt. Dann war er weg."

Christiane: „Vorausgegangen waren endlose Diskussionen und stundenlange Abende, an denen wir unsere Gedanken austauschten: ‚Welchen Weg können wir gehen?' Es war eine unmögliche Entscheidung. Alle, die mit erhobenem Zeigefinger dastehen und sagen: ‚Man darf nicht abtreiben' sind unmöglich. Es gibt kein Schwarz oder Weiß. Da sind so unendlich viele Töne, die dazwischen sind. Dieser Flug war unser Abschied. Wir haben versucht, Felix loszulassen."

Ich bitte die beiden, ihre damaligen Gefühle zu beschreiben. Hat ihnen dieser Abschiedsflug Frieden geschenkt?

Andreas: „Nein, es ist ein Schritt in einem Prozess gewesen. An Frieden war noch lange nicht zu denken. Aber es war wichtig, um im Nachhinein nicht sagen zu müssen: ‚Wir sind da plötzlich in einer Maschinerie gelandet und wussten gar nicht mehr, wie uns geschieht.'"

Christiane: „Am nächsten Tag war der Aufnahmetermin im Krankenhaus für den Schwangerschaftsabbruch beziehungsweise Ultraschall. Ich habe nur geheult und tausend Fragen gestellt. Die Ärztin sagte im Anschluss, dass es die Wasseransammlung und den Herzfehler überleben würde. So hatte das bisher keiner formuliert. Einerseits hat mich das tierisch erleichtert, andererseits alles nur noch schlimmer gemacht. Die Ärztin bemerkte, wie fertig ich war, und entschied: ‚Das mache ich so nicht mit Ihnen. Gehen Sie nach Hause und denken Sie noch mal in Ruhe nach.‘ Das war in der gynäkologischen Abteilung in der Uniklinik Düsseldorf. Nach zwei Wochen stand dann die Entscheidung. Es war sehr belastend. Man wacht jeden Tag mit dem gleichen Albtraum auf: Felix war noch immer in meinem Bauch und ich habe den Gedanken, ihn zu töten. Der Gedanke, er könnte sauer auf mich sein, ließ mich nicht mehr los. Ich hatte das Gefühl, er würde mich von innen verletzen. Ich bekam immer mehr Angst vor meinem Bauch.“

Ich habe angefangen, mit meinem ungeborenen Kind Gespräche zu führen. Allerdings erst nach Jahrzehnten. Wie ging es Christiane? „Ich war bei einer Frau, die mit Kinesiologie arbeitet. Mit ihrer Hilfe konnte ich mit ihm reden. Es war, als haben Felix und ich einen gemeinsamen Nenner gefunden. Dass ich jetzt die Entscheidung treffe. ‚Ich lenke das Leben, was aus mir kommt.‘ Dieser Satz ist am Ende dabei rausgekommen und hat mir sehr geholfen.“

Konnte Christiane sich damit ein Stück Verantwortung zusprechen? „Ja, es war nie meine Absicht, zu töten, aber jetzt lenke ich das Leben.“

Andreas mischt sich ein: „Ich denke auch, dass es egoistische Beweggründe waren: Ich hätte nicht für ein schwerstbehindertes Kind Tag und Nacht da sein können.

Ich traue es mir kräftemäßig nicht mehr zu und denke auch noch an mein eigenes Leben. Was möchte ich noch erreichen oder sehen?"

Ich frage nach der Abtreibungsmethode. Christiane: „In unserem Fall, Gott sei Dank, kam noch eine eingeleitete, stille Geburt infrage. Still, weil das Kind nicht schreit, wenn es rauskommt. Ich war in der 17. Woche. Erst ab der 21. Woche wird das Kind mit einer Spritze ins Herz getötet, bevor die Geburt eingeleitet wird, weil es sonst überleben könnte."

Ich bitte sie, die Geburt zu beschreiben. Als Laie denke ich, dass es einfach sein muss, einen noch so kleinen Fötus zu gebären. Christiane: „Mir wurde ein Zäpfchen eingeführt, das bewirkt, dass der Muttermund sich öffnet. Es hat innerlich in mir geschrien. Gleichzeitig war ich wie gelähmt. Ansonsten läuft es wie eine normale Geburt ab, mit Wehen und allem Drum und Dran. Ich bekam alle zwei Stunden ein Zäpfchen."

Andreas: „Es war für mich ganz furchtbar. Alles schrie in mir: ‚Es kann doch nicht sein, dass wir unser Kind hier so einfach hergeben und nicht weiter kämpfen.‘ Obwohl man zu einer Entscheidung gekommen ist, war der Prozess in dem Moment wieder total ambivalent. Meine Frau lag zwölf Stunden in den Wehen."

Das wundert mich. Ich frage Christiane, die Ärztin ist, wie man sich das erklären kann. Der Fötus ist doch so klein ... Christiane: „Die Psyche und der Körper haben sich nicht darauf eingestellt, die Gebärmutter ist noch gar nicht darauf vorbereitet. Eine solche ‚Geburt‘ spricht schließlich gegen die Natur. Der Moment, als Felix dann kam, war krass. Ich glaube, das muss besonders für dich", sie wendet sich an ihren Mann, „ganz schräg und fürchterlich gewesen sein." Andreas: „Es war für mich wie ein Dolchstoß: ‚Das Kind kommt!' klang eigentlich wie ein glücklicher Ausruf von dir. Du warst in dem Moment total euphorisch." Christiane: „Ja, in dem Augenblick war ich stolz und froh, das kann ich nicht anders sagen."

Andreas: „Zuerst hat die Krankenschwester es mitgenommen. Es befand sich noch in der Fruchtblase. Sie brachte es uns später in einem kleinen Körbchen. Dann haben wir etwa eine halbe Stunde bis Stunde mit dem Kind verbracht. Es gibt auch Fotos. Am nächsten Tag sind wir noch mal hin. Wir hatten bei der Ballonfahrt Tannenzapfen mitgenommen, die wir unserem Kind gaben. Und auch Haare von uns. Wir wollten, dass irgendwas bei ihm ist."

Wie war das, als sie Felix im Körbchen sahen, frage ich vorsichtig. Andreas: „Wahnsinn. Das Gefühl, das ist unser Kind, war überwältigend. Man sieht jedes einzelne Gliedmaß. Jeden Finger. Es ist ein ganz furchtbares Gefühl, dass man sich zu dieser Entscheidung durchgerungen hat. Da vermischt sich ganz viel, vor allem in der eigenen Psyche. Man blendet total aus, wie krank er war." Christiane: „Ich fand es schön." Andreas: „Ich ja auch."

Sie fragen mich, ob ich das Foto sehen möchte. Ich danke für das Vertrauen, aber es ist mir doch zu intim. Diese Erinnerung soll nur den beiden gehören. Andreas steht auf und holt ein anderes Bild, das Christiane während der Entscheidungsphase gemalt hat. „Es sind zwei Herzen für uns beide, und in der Höhle ist das Baby. Als Symbol dafür, dass wir ihm wünschen, dass er überall beschützt ist. Das Baby konnte ich allerdings erst später malen. Dieses Bild hängt bei uns am Bett. Es wird immer da sein."

Ich würde gern noch erfahren, ob ihnen der Platz am Friedhof wichtig ist. Andreas: „Es ist für uns ein Ort, zu dem wir gehen können. Wo wir uns noch mal mit dem ganzen Thema auseinandersetzen. Jedes Mal. Wo wir unserem Kind wieder ein Stück näher sind."

Ich bitte die beiden, zu beschreiben, wie sie sich heute, zweieinhalb Jahre danach, fühlen. Christiane: „Das erste Jahr war das schlimmste. Als sich das erste Mal die Geburt jährte, hatte ich das Gefühl, ich muss die Entscheidung erneut treffen. Ich habe alle meine Notizen rausgekramt. Ich war abermals im Für und Wider. Nichtsdestotrotz wächst Gras drüber, zum Glück. Nur an den empfindlichen Tagen, am Geburtsdatum, an der Beerdigung und auch am ausgerechneten Termin, wird die Trauer immer bleiben. Das begleitet uns den Rest unseres Lebens."

Ich frage, ob sie den LeserInnen einen Rat mitgeben wollen. Christiane: „Das Wichtigste ist, dass man sich Zeit nimmt, Zeit für die Entscheidung." Andreas: „Ich würde den Menschen, die in solch einer Situation sind, so gute Freunde wünschen, wie wir sie haben. Ich würde jedem den Rat geben, sich zu öffnen, sich Hilfe zu holen."

„Der Schrei aus der Seele
war immer da.
Und er ist es immer noch."

Monika

1960 wird Monika in Papenburg, Emsland, geboren. 1976 erlangt sie ihren Hauptschulabschluss und besucht für ein Jahr die Hauswirtschaftsschule. Anschließend arbeitet sie vier Jahre in der ADO Gardinenfabrik und zieht 1981 nach Leer, wo sie neun Jahre in einer Tragetaschenfabrik tätig ist. Ein Rückenleiden zwingt sie zu einer Umschulung zur Bürokauffrau, die sie 1992 wegen der Geburt ihres Sohnes abbricht. 2000 erreicht sie den Abschluss, ein Jahr später folgt eine weitere Umschulung zur Altenpflegerin. Bis heute ist sie Hausfrau. Seit 1990 lebt sie in einem Wallfahrtsort in Norddeutschland, einer Marien-, Gebets- und Pilgerstätte. Dort kümmert sie sich seit fünf Jahren als ehrenamtliche Küsterin um ihre Pfarre.

Dieses Interview findet ungeplanterweise am Telefon statt. Es ist unser Kennenlerngespräch, aber es verläuft so lebhaft, so offen und interessant, dass ich Monika frage, ob ich das Gespräch aufnehmen darf. Wir unterhalten uns lange und intensiv. Ihre Stimme hüpft auf und ab. Ich spüre durch die Telefonleitung, wie sie ihre Geschichte lebt und durchlebt. Und wie frei sie sich fühlt, endlich darüber sprechen zu können. Den Kontakt bekam ich durch Frau Dr. Pokropp-Hippen, einer Familientherapeutin, die sich besonders Frauen mit posttraumatischen Belastungsstörungen nach einer Abtreibung annimmt *(siehe Seite 30ff.)*.

„Ich hatte sechs Geschwister. Und noch eine Halbschwester, die ist zehn Jahre älter als ich. Meine Kindheit und Jugend sind von Gewalt und Schrecken geprägt. Mein Vater war Schwerstalkoholiker. Eine Szene habe ich noch in Erinnerung: Ich war mit meiner Schwester auf einer Schaukel, die auf einer frisch ausgesäten Rasenfläche stand. Ich war ungefähr zehn Jahre alt. Mein Vater fuhr mit dem Fahrrad an uns vorbei, auf dem Gepäckträger hatte er eine Sichel. Ich bin von der Schaukel gesprungen und direkt auf dieser frisch ausgesäten Rasenfläche gelandet. Mein Vater war ungefähr zwanzig Meter von mir entfernt, als er sich umdrehte, die Sichel vom Gepäckträger nahm und direkt auf mich zukam. Den Wind von der Sichel spüre ich heute noch, sie flog ein paar Zentimeter an meinem Kopf vorbei und blieb in der Schuppentür stecken.

Mit achtzehn habe ich mich dann in diese Freundschaft mit einem Mann gestürzt, weil ich dachte, einfach aus diesem Haus raus zu müssen. Der Mann war ein paar Jahre älter als ich und gebürtiger Jugoslawe. Wir waren einige Monate zusammen, als sich herausstellte, dass ich schwanger war."

Ich möchte gern erfahren, ob sie aufgeklärt war und wie es zur Schwangerschaft kam. Was wusste sie über Verhütung, haben sie und ihr Freund aufgepasst? „Ich habe da eigentlich gar nicht drüber nachgedacht, und auch meine Mutter hat mich nicht aufgeklärt. Ich wusste wohl, dass man dadurch ein Kind bekommen kann, aber ich war einfach zu leichtsinnig. Wir waren zwei Monate zusammen und es ist nichts passiert. Ich habe schon den Gedanken gehabt, keine Kinder bekommen zu können. Ich bin sehr spät zum Arzt gegangen, habe das verdrängt. Ich war in der 14. Woche."

Als ich frage, ob Monika zur Schwangerschaftsberatung ging, antwortet sie: „Nein. Ich kannte von meiner Tante eine Adresse ihrer Bekannten aus Amsterdam, dort fuhr ich hin."

Ich frage, in welchem Jahr die Abtreibung stattfand. „1978." Damals durfte man schon mithilfe der Schwangerschaftsberatung abtreiben. Wusste sie nichts davon? „Ich hab das nicht gewusst. Der Arzt hat mich nicht aufgeklärt, wie es weitergeht, ob er mir irgendwie helfen kann oder zu was für einer Beratung ich gehen könnte. Ich kam aus dieser Praxis raus und stand auf der Straße. Ich sprach dann mit meiner Mutter, und das Erste, was sie sagte, war: ‚Lass es abtreiben.'"

Ich bitte Monika darum, ihre Gefühle von damals zu beschreiben. „Das kann ich gar nicht so genau sagen. Ich bin noch einmal zu diesem Arzt gefahren, er hatte keine Sprechstunde, öffnete aber die Tür. Ich muss ziemlich ratlos ausgesehen haben, doch er ließ mich nicht rein. Es war keine Hilfe da. Ich habe mich gefühlt, als wäre ich traumatisiert. Mir fiel nur die Adresse von meiner Tante ein, das war das Einzige, woran ich gedacht habe." Eine Abtreibung in Holland hat damals sicher eine Menge Geld gekostet. „Das hat meine Mutter mir gegeben. Ungefähr 1000 DM brauchte ich. Dann hatte ich die Adresse, rief an, machte den Termin, und meine Mutter und meine Tante begleiteten mich zum Bahnhof. Von dort aus fuhr ich allein nach Amsterdam und nahm mir ein Taxi zur Klinik. Etwa fünfzehn Kilometer waren das.

Es war eine große Klinik, zahllose Frauen, viele auch in Begleitung von ihren Müttern, Partnern oder Freunden, waren dort. Ich ging zur Anmeldung, musste mich in die Wartehalle setzen. Sie fragten mich, wo ich nun bleiben würde, denn das Ganze sollte erst am nächsten Tag stattfinden. Eine Frau aus der Klinik holte mich ab, bei der blieb ich dann auch."

Ich frage nach der Art der Abtreibung, denn Monika war schließlich bereits in der 14. Woche. „Es handelte sich um eine sogenannte Spätabtreibung. *(Anmerkung: Für die Spätabtreibung gibt es keine gesetzliche Regelung, einige sprechen erst ab der 20. Woche davon.)* Vollnarkose. Als ich aufwachte, hatte ich sehr große Schmerzen und alles war voller Blut. Als ich nachts ins Badezimmer ging, war auch die ganze Toilette voll, alles ist voller Blut gewesen. Es war auch kein Arzt vor Ort; ich bin dann zurück ins Bett gekrochen und liegen geblieben. Habe nicht geklingelt und auch keine Schwester gesehen. Am anderen Morgen kam ein Arzt. Ich sagte ihm, was in der Nacht vorgefallen ist, doch es kam keine Reaktion. Ich wurde von einer anderen Frau abgeholt, bei der ich noch eine Nacht blieb. Ich war noch nicht imstande, allein zu fahren. Die Frau brachte mich am nächsten Tag zum Bahnhof. Ich war sehr allein. Das ist eigentlich eine sehr traurige Geschichte. Danach fühlte ich mich innerlich leer."

Und wie war es, als sie nach Hause kam? Hat ihre Mutter sie in den Arm genommen und getröstet? „Wir haben nicht mehr darüber gesprochen. Das ganze Thema ist liegen geblieben. Wenn ich im Nachhinein darüber nachdenke, hätte man eigentlich noch mal darüber reden müssen. Ob ich Trost gefunden hätte, weiß ich jetzt nicht. Sie ist mittlerweile gestorben, das Thema haben wir vermieden. Ich lebte noch ungefähr zwei Jahre zu Hause und bin dann ausgezogen." War sie die Erste, die von zu Hause weg ist? „Meine Schwester ist schon eher ausgezogen. Sie lernte sehr früh ihren damaligen Mann kennen, da war sie fünfzehn. Weg von zu Hause, nur noch weg. Aber die Ehe ging später in die Brüche. Sie hat drei Kinder mit ihm bekommen und ist sehr depressiv geworden. Die Kinder blieben beim Vater. Heute ist sie wieder glücklich verheiratet und die Kinder besuchen sie.

Ich lebte später mit einem Mann zusammen. Knapp über zehn Jahre, die ganze Beziehung hindurch nahm ich die Pille."

Ich würde gern erfahren, wie ihr berufliches Leben verlaufen ist. „Ich arbeitete bei ADO, einer Gardinenfabrik.

Bis dahin hatte ich keine Ausbildung gemacht. Ungefähr neun Jahre war ich in der Tragetaschen-Fabrik tätig, bis ich ein Rückenleiden bekam und eine Umschulung zur Bürokauffrau machte. Dadurch ging die Beziehung in die Brüche, denn ich hatte inzwischen meinen jetzigen Mann kennengelernt. In dieser Zeit wurde ich schwanger und brach die Umschulung ab. Wir heirateten und ich brachte unseren Sohn zur Welt. Er war ungefähr drei Jahre alt, als ich die Bürolehre zu Ende führte. Letzten Endes war ich aber nie in einem Büro beschäftigt, sondern führte den Haushalt und engagierte mich ehrenamtlich in der Kirche, wo ich bis heute tätig bin. Ich habe noch einmal einen Kursus gemacht: Anderthalb Jahre ließ ich mich in der Altenpflege schulen. Ich habe also eigentlich immer etwas gemacht. Rumsitzen konnte ich nicht."

Ich komme zurück auf das wichtigste Thema unseres Gesprächs: die Abtreibung. Wem hat sie in ihrem Leben davon erzählt? „Außer der Ärztin, zu der ich jetzt gehe, habe ich das keinem erzählt. Auch mein Mann weiß es nicht. Mein erster Freund, von dem ich schwanger wurde, hat es mitgekriegt. Doch zu ihm hatte ich nie wieder Kontakt. Sofort nach der Abtreibung habe ich die Beziehung beendet."

Und der Mann, mit dem sie zehn Jahre zusammengelebt hatte, wusste er davon, oder Freundinnen? „Er wusste es auch nicht. Nein, ich habe nur geschwiegen, vierunddreißig Jahre geschwiegen. Ich habe immer versucht, das irgendwo zu beichten, ich wollte das irgendwie beichten, doch das habe ich nicht geschafft. Deshalb fuhr ich nach Medjugorje (*Anmerkung: berühmter Marien-Wallfahrtsort in Bosnien-Herzegowina in der Nähe von Mostar*). Eine Bekannte hat mich mitgenommen, das war mein sehnlichster Wunsch. Dort wollte ich in den Beichtraum gehen. Ich hatte schon im Hotel gehört, dass da ein guter Priester sein soll. Also bin ich zu dem Beichtstuhl hingegangen. Als ich nach einigem Warten irgendwann an die Reihe kam, fingen meine Beine an zu zittern. Ich machte die Tür auf: Da saß er, sagte, normalerweise wäre er gar nicht mehr da, er wollte schon abgereist sein. Doch heute Morgen hatte er noch die Eingebung, es würde an diesem Tag ein Mensch kommen, der ein großes Anliegen hätte. Darauf müsste er noch warten. Ich bin die Letzte gewesen, also war ich diese Person.

Ich habe überhaupt nicht sprechen können, setzte mich auf den Stuhl, fing an zu heulen, und die Zeit verging. Ich weiß nicht, wie lange ich so im Beichtstuhl saß. Dann begann der Pastor, mich nach dem Grund zu fragen. Er müsste schließlich wissen, was ich hätte. Doch ich brachte einfach kein Wort heraus und konnte schon gar nicht das Wort Abtreibung aussprechen. Ich habe es einfach nicht geschafft. Er fragte mich, ob ich abgetrieben hätte. Man muss es mir wohl angesehen haben. Doch ich habe nur mit dem Kopf genickt. Da wusste er Bescheid und brachte mich so weit, dass ich reden konnte. Später tauften wir das Kind auf den Namen Clara Simon. Und dann hat er mir auch die Beichte abgenommen.

Als ich wieder zu Hause war, bekam ich die Zeitschrift in die Hände, aus der ich das mit der Ärztin erfuhr. (*Anmer-*

kung: Ein Artikel von Dr. Pokropp-Hippen). Das war kein Zufall: Eine Frau hat mir einfach diese Zeitschrift in die Hand gegeben. Ich sah die Zeichnung von der Frau, die im Käfig eingesperrt ist und die Tür von innen zuhält. Das hat mich sehr angesprochen: Es geht darum, dass es keiner wissen darf, keiner hören sollte, dass es geheim bleiben muss. Genauso habe ich mich die ganzen Jahre hindurch gefühlt. Aber der Schrei der Seele war da. Der Schrei der Seele, den keiner hört, der war da, und ist es noch heute. Ich erkannte meine Situation wieder und beschloss, diese Frau anzurufen."

Mich interessiert, wann diese Reise stattfand: „2012. Seitdem bin ich bei der Ärztin in Behandlung. 2012 war auch meine Erfahrung mit Medjugorje und seitdem ist mein Leben irgendwie ... verändert. Auch im Positiven."

Ist das Leiden im Leben nach der Abtreibung bei der Behandlung ein Gesprächsthema? „Ja, ein paar Monate nach der Abtreibung fielen mir immer nur die Frauen ins Auge, die ein kleines Kind hatten. In mir hat sich damals ein stummer Schrei entwickelt."

Ich habe den Eindruck, Monika weint. Wir lassen uns Zeit. „Wenn mich irgendjemand an die Hand genommen oder gesagt hätte: ‚Hier geht der Weg lang', dann wäre das anders gelaufen. Wenn ich einfach aus der Traumatisierung rausgekommen wäre."

Was war damals mit dieser Tante, die ihr die Abtreibungsadresse gegeben hat? Hätte die vielleicht helfen können? „Ja, tat sie aber nicht. Sie hat mir nur die Adresse gegeben. Meine Tante hat dreimal abgetrieben. Das wusste ich aber damals nicht. Das erzählte meine Schwester mir später. Sie hat ebenfalls abgetrieben, vor mir schon. Das wusste ich auch nicht."

Ich wundere mich, dass ihr weder die Tante noch die Schwester zur Seite standen. „Ich weiß es nicht. Meine Schwester fing später ein paar Mal damit an, aber ich habe es abgelehnt. Das hätte wahrscheinlich etwas ausgelöst, wovor ich Angst hatte. Das Wort *(Anmerkung: Abtreibung)* konnte ich gar nicht aussprechen. Vor einem Jahr hätte ich in dieser Form noch nicht darüber sprechen können, auch nicht vor einem halben. Das ist erst so, seitdem ich bei der Ärztin in Behandlung bin.

Ich habe lange Zeit gehadert, auch mit der Kirche, weil ich das ja über die ganzen Jahre immer beichten wollte und es nicht geschafft habe. Ich bin in vielen Beichtstühlen gewesen. Ich habe immer wieder einen Versuch gestartet, doch ich konnte das nicht. Ich habe irgendwas anderes gebeichtet. ‚Was bin ich für eine schreckliche Person‘, das ging immer in meinem Kopf umher."

Ist Monika nie der Gedanke gekommen, dass sie Hilfe und Unterstützung gebraucht hätte? „Nein. Ich habe immer nur gedacht, was ich doch für eine bin, wie man so etwas machen kann. ‚Gott verzeihe mir‘, so war ich immer nur am Hadern gewesen, und dass ich auch ganz allein daran schuld war. Dass ich Hilfe gebraucht hätte, kam mir nicht. Und dass meine Mutter mir auch hätte helfen müssen. Aber ich kann ihr mittlerweile verzeihen."

Und wie ist es mir ihrem jetzigen Mann, weiß er von der Abtreibung? „Mein Mann weiß von unserem Zuhause alles. Er kennt nur die Abtreibungsgeschichte nicht. Wenn er das wüsste, würde er mir nichts anheften, er würde zu mir stehen. Aber ich glaube, er wäre mit der ganzen Sache überfordert. Diese innerliche Stärke hat er nicht."

Ich könnte mir vorstellen, dass er sie in den Arm nehmen würde, um sie zu trösten. „Damit hat er das nicht so. Er ist von seiner Mutter auch nie in den Arm genommen worden, die waren zwölf Kinder zu Hause und diese mütterliche Liebe hat er nicht so erfahren. Er kann eine Frau nicht in den Arm nehmen. Das habe ich auch nie erlebt mit ihm. Ich werde wohl darauf hinarbeiten, dass mein Mann das weiß, denn mein Sohn weiß schließlich auch, dass er ein Geschwisterchen im Himmel hat."

Ich würde noch gern wissen, ob Monika eine Vorstellung hat, ob es ein Junge oder ein Mädchen geworden wäre. „Ich tendiere eher zum Mädchen, aber wissen tu ich es nicht. Es heißt Clara Simon. Ich habe in der Nacht, bevor ich die Abtreibung vornehmen ließ, mein Kind noch gespürt. Da hat es das erste Mal in meinem Bauch gestrampelt. Ich wollte das nicht wahrhaben. Ich habe mich so dagegen gewehrt, und dieses Strampeln spüre ich noch heute. Auch den Schmerz in der Seele habe ich noch."

Der Priester müsste sie doch in der Beichte von der Schuld freigesprochen haben? „Das hat er auch. Er sagte: ,Ich habe Sie losgesprochen. Sie können jetzt ganz frei sein. Sie sind von dieser Sünde befreit. Gott hat sie befreit.' Das habe ich aber noch gar nicht richtig begriffen. Ich denke noch heute, was ich nur für eine schreckliche Person bin. Es dauerte lange, bis das überhaupt in meinem Gehirn angekommen ist. Ich weiß auch gar nicht, ob es jetzt angekommen ist.

Mein Sohn hat noch keine Freundin, will er auch nicht. Wenn wir ins Gespräch kommen, sage ich ihm immer: ‚Wenn du mal eine Freundin hast' – er ist ja kein kleines Kind mehr –, ‚müsst ihr auch dran denken, dass etwas entstehen kann, und euch klar sein, dass ihr mit den Konsequenzen leben müsst. Du musst dazu stehen, was du tust.'"

Ich frage Monika, warum sie am Buchprojekt teilnehmen will. „Damit ich auch irgendwann so weit bin, dass ich selbst vor dem Mikrofon stehen und über mein Leben berichten kann. Um dazu beizutragen, dass die Frauen von mir persönlich hören, was für ein Leid es war und was ich durchgestanden habe. Damit sich die Frauen überlegen, das Kind vielleicht doch zu bekommen. Und damit sie auch besser verhüten, denn dann gäbe es das ganze Problem nicht. Das wünsche ich mir. Ich möchte gern mitarbeiten, wenn Gott das will."

„Ich liebe Menschen.
Aber auch mich."

Rita

Rita wird am 16. Januar 1952 in Bielefeld geboren. Ihr Vater ist Maurerpolier, ihre Mutter arbeitet als Wäschelegerin in der Ravensburger Weberei. Sie hat einen zehn Jahre älteren Bruder. 1968 macht sie ihren Realschulabschluss und beginnt eine Ausbildung zur Arzthelferin. Sie ist zwei Jahre als Verwaltungsangestellte bei der Arge tätig, möchte aber lieber weiterlernen (Eltern: „Du heiratest sowieso!"). Wegen ihres fehlenden Abiturs macht sie eine Begabten-Sonderprüfung und beginnt 1972 ein Studium der Sonderpädagogik in Bielefeld, das sie vier Jahre später abschließt. Im Anschluss arbeitet Rita an der Schule für Köperbehinderte in Bielefeld. 1979 heiratet sie und bringt ein Jahr später ihren ersten Sohn zur Welt, 1982 folgt die Geburt des zweiten Sohnes. Von 2002 bis 2005 lässt sie sich für eine Projektarbeit beim Landesverband für Menschen mit Körper- und Mehrfachbehinderung in NRW vom Unterricht beurlauben und arbeitet anschließend als Projektbeauftragte für Integration Jugendlicher mit Behinderung beim LWL Münster. 2012 beginnt sie einen Neubeginn in Duisburg und ist in verantwortlicher Stelle beim Verband für Körper- und Mehrfachbehinderte sowie als Geschäftsführung bei „NeuEinstellung inklusive gGmbH" in Kamen tätig.

Ich treffe Rita in ihrer neuen Wohnung in Duisburg. Sie ist gerade von Münster hierher gezogen. Sie hat die Chance, ihre Erfahrung aus den letzten zehn Jahren hier einzusetzen und etwas Neues aufzubauen. Ich steige in das Dachgeschoss eines typischen Hauses aus dem 20. Jahrhundert: ein hübsches Treppenhaus mit gedrechseltem Holzgeländer, die Treppen hell, frisch abgeschliffen. Von oben fällt Licht auf die Stufen. Das Haus steht in Dell-Duisburg und ist eines von vielen Gebäuden, die diese Gegend prägen. Kaum ein Haus dazwischen, das auf „Bombenschäden" hinweist. Oben in der offenen Tür begrüßt mich Rita, wie sie leibt und lebt: sprühend vor Temperament. Eine große, stattliche Frau.

Wir setzen uns in die Loggia unterm Dach: Riesige, schräge Fenster bieten uns einen wunderschönen Blick über die Dächer Duisburgs. Rechts sieht man Schornsteine. „Das ist schon das Industriegebiet."

Rita serviert Tee, wir machen es uns im Rattan-Sofa bequem. Der Grund unseres Treffens ist das bewusste „Thema", wie Rita sagt. Sie hat sich bereit erklärt, über ihr Abtreibungserlebnis zu sprechen.

Ich würde gern zuerst etwas über ihre Kindheit erfahren.

„Das Wichtigste ist die Erinnerung an meinen großen Bruder. Ich sehe ihn mit mir in einem flachen Kinderwagen um die Häuser rennen. Wir wohnten in einer Siedlung mit genossenschaftlichen Häusern, dahinter gab es Wiesen zum Spielen. Meine Freundin, Anette Schmidt, wohnte bei ihren Großeltern, weil ihre Eltern sich geschieden hatten. Scheidung war ganz, ganz schlimm Mitte der Fünfzigerjahre."

Ich erkundige mich nach ihren Eltern. Gab es eine bestimmte Rollenverteilung? Rita lächelt mich provozierend an. „Wieso? Mein Vater arbeitete, meine Mutter war Hausfrau. Er achtete sehr darauf, dass sie zu Hause war und das Essen fertig hatte, wenn er von der Arbeit kam, das war nicht immer lustig. Wir Kinder waren den ganzen Tag unterwegs, wussten nur, dass wir zu Hause sein müssen, sobald die Laternen angehen. Deshalb war ich, wenn er von der Arbeit kam, noch nicht da. Alles musste seine Ordnung haben. Wenn es damals diese Möglichkeit gegeben hätte wie heute, würde ich sicherlich nicht leben. Meine Eltern wollten alles haben, nur kein weiteres Kind. Sie waren vierzig als ich auf die Welt kam. Ungeliebt fühlte ich mich deshalb aber nicht. Wir hatten eine Wohnküche, ein Schlafzimmer, mein Bruder hatte ein Zimmer und ich schlief bei meinen Eltern. Es war an der Tagesordnung, dass sie sich abends beim Zubettgehen stritten wie verrückt. Ich hatte Angst einzuschlafen, wollte wach bleiben, damit keiner weglaufen konnte. Ich kriege das heute nicht mehr zusammen, was das für eine Beziehung war. Verbal ging da wirklich die Post ab. Bis einer aufstand, meist mein Vater, und das Haus verlassen wollte; was für mich als Kind natürlich bedeutete: Wenn er jetzt geht, kommt er nie wieder. Aber das änderte sich dann, als wir in das umgebaute Haus zogen, das mein Vater von seinen Eltern geerbt hatte, und ich mein eigenes Zimmer bekam. Da interessierte mich nicht mehr, was sie machten, ich war zehn Jahre alt."

Ich frage nach den Werten. Was war prägend für die Familie? „Wir waren eine sehr politische Familie. Politik, Meinung und Solidarität stellten ganz große Themen dar. So bin ich groß geworden, auch als ernst genommene Diskussionspartnerin meines Vaters. Wir besaßen keinen Fernseher, aber Radio. Meine Eltern sind immer zur Wahl gegangen. Es war ganz klar, wen sie wählten, warum sie ihn wählten. Dieses Gefühl der Solidarität, des Zusammenhalts, der Wertschätzung allen Menschen gegenüber, das habe ich von ihnen mitgenommen."

Ich bitte um ein Beispiel für dieses Verhalten. „In dem Viertel in Bielefeld, wo wir wohnten – ich kam genau aus diesem Stadtteil, wo der arbeitende Teil der Bevölkerung, der in der Produktion tätig war, lebte – bauten sie bereits in der Zeit vor dem Dritten Reich mit gegenseitiger Hilfe ihre Eigenheime. Sie gründeten Genossenschaften, um Wohnraum zu schaffen. Gewerkschaften waren daher immer ein großes Thema. Da kannte ich mich bestens aus. Es war klar, dass Menschen wie wir, die Lohnschaffenden – und ich glaube, das hat sich bis heute nicht verändert – nur etwas erreichen können, wenn wir solidarisch zusammenhalten und den Kalfaktor auf dem Bau nicht weniger wertschätzen als den Architekten, der ab und zu mal vorbeikommt. Sich gegenseitig zu helfen, loyal für seine Leute zu sorgen – das waren die Werte unserer Familie.

Ich muss ein rebellisches Kind gewesen sein. Meine Eltern hatten schon ihr Tun mit uns – mein Vater war einer dieser Väter, die nach dem Krieg nicht an das anknüpfen konnten, was vorher gewesen ist. Er wurde autoritär. Meine Mutter war sehr bemüht, sehr liebevoll. Leider starb sie viel zu früh. Ich war sechzehn. Wenn ich an bestimmte Festtage denke, an Dinge, die sie für mich oder meinen Bruder getan hat, war sie immer sehr, sehr liebevoll. Ich weiß nicht, in welcher Art ich ihr das als Kind gedankt habe."

Meine nächste Frage gilt der Religiosität der Familie. Gingen sie in die Kirche? Wurde gebetet? „Nein, in die Kirche gingen wir nicht. Wir waren nicht religiös. Dieser aufklärerische Gedanke, der Gedanke der menschlichen Vernunft, der Dinge regeln soll, und dass die Vernunft das ist, was die Gesellschaft voranbringt, und nicht der Glaube an irgendwen, der es schon richten wird – das war ein ganz starkes Thema. Auch, dass es, wenn ich jemandem Unrecht tue, die Sache überhaupt nicht besser macht, wenn ich am Wochenende beichte. Was bei uns immer groß geschrieben wurde, war die Kant'sche Aussage mit dem kategorischen Imperativ: Behandle andere so, wie du selbst behandelt werden möchtest."

Ich erwähne, dass auch Christus uns auffordert, unseren Nächsten wie uns selbst zu lieben. „Ja, das ist aber eine andere Sache und wird von den Menschen, die in den Kirchen die Macht haben, instrumentalisiert. Ich bin mit meinen Klassenkameradinnen durchaus zur Kirche gegangen, als sie zum Kommunions- oder Konfirmationsunterricht gegangen sind. Daran haben mich meine Eltern auch nicht gehindert. Ich habe auch in der Schule gern am Religionsunterricht teilgenommen. Da ließ sich auf Teufel komm raus diskutieren, das fand ich klasse. Ich hatte schließlich Argumente, die zu Hause öfter debattiert wurden. Der humanitäre Gedanke war wichtig, nicht der religiöse."

Wie stand es dann um die Rollenvorstellungen als Frau, die Rita in ihrer Jugend für sich formuliert hatte? „Nun, ich bin in der Revolutionszeit groß geworden, Ende der Sechziger, Anfang der Siebziger. Da war ja der Teufel los. Ich hätte nie so eine Rolle haben wollen wie meine Mutter, die damit, glaube ich, auch nicht so einverstanden war. Es stand für mich nie zur Debatte, zu heiraten, Kinder zu bekommen und zu Hause zu bleiben. Selbstständigkeit, wirtschaftliche Unabhängigkeit und eigenständige Entscheidungen treffen zu können, das war für mich immer das Wichtigste. Es lag an der damaligen Zeit, dem gesellschaftlichen Aufbruch, der emanzipatorischen Diskussion, der sexuellen Befreiung."

Ich möchte wissen, wann Rita ihren Mann kennenlernte. „Mein Mann war Zivildienstleistender bei uns an der Schule, an der ich gearbeitet habe. Er hatte Versicherungskaufmann gelernt und begann nach dem Zivildienst ein Studium zum Betriebswirt. Als ich dann schwanger wurde und wir heirateten, hat er das wieder aufgegeben und ist in seinen Beruf zurückgekehrt."

Wir gehen in Gedanken zurück in ihre Kindheit und Jugend. Wie stand es um die sexuelle Aufklärung? Rita lacht schallend. „Als ich meine erste Menstruation bekam, war mein größtes Problem: Wie sage ich das jetzt meiner Mutter? Ich wusste, was da passierte, ich hatte mal im Schlafzimmer meiner Eltern ein Buch gefunden, in dem stand, wie man Töchter aufklärt." Wir lachen jetzt beide herzlich. „Meine Mutter ist in Tränen ausgebrochen. Ich weiß bis heute nicht, warum." Ich vermute, aus Rührung? Weil der Moment ein so wichtiger Wendepunkt im Leben einer Frau ist? „Das kann gut sein. Wir haben aber nie wieder darüber gesprochen." Es kommt jetzt das Thema Beruf ins Gespräch. Wie fand Rita den Job, der ihre Bestimmung ist? „Ich habe immer schon gern pädagogisch mit Kindern gearbeitet und hatte in der Realschule das Glück, eine Menge Lehrer zu haben, die das aus mir rausholten, was ich konnte. Ein Lehrer sagte mir einmal in einer Erdkundestunde, weil ich meinen Klassenkameradinnen etwas so gut erklärt hatte: ‚Rita, du musst Lehrerin werden.'" Sie lacht. „Und ich habe das ernst genommen. Der Schritt zur Sonderpädagogik für Schüler mit Behinderung war Zufall, weil ich keinen anderen Platz bekommen hatte. Aber es hat mich sofort interessiert. Ich fand es spannend, wie man mit solchen Kindern und Jugendlichen umgeht, wie man sich darauf einstellt, die Jugendlichen mit unterschiedlichen Behinderungen ein Stück weiterzubringen. Das ist das, was ich mit Begeisterung mache. Mein größter Erfolg während der ganzen Jahre war, dass es fünf Leute aus meiner Klasse geschafft haben, einen ganzen Tag zu schwänzen." Sie lacht schallend, man sieht ihr den Schalk im Nacken sitzen. „Das selbstständige Organisieren ist nicht einfach, wenn alle mit Schulbussen zur Förderschule gelangen. Ich war richtig stolz, dass sie das hingekriegt haben."

Ich erinnere uns daran, dass wir jetzt zum „Thema" kommen sollten. „Als ich meinen späteren Mann kennenlernte, war für uns klar, dass wir auch gern Kinder haben möchten, bis uns von den Ärzten gesagt wurde, dass das nicht klappen würde. Wir entschieden uns, trotzdem zusammenzubleiben, und fuhren mit dieser Gewissheit in den Urlaub. Ich kam schwanger zurück. Das war im Sommer 1979. Am 26. Oktober heirateten wir, unser erstes Kind kam im April 1980 zur Welt. Mein Mann arbeitete dann als Versicherungskaufmann und ich in der Schule. Damals hörte man noch sechs Wochen vor der Geburt auf, und fing acht Wochen danach wieder an. Das wäre auch nicht anders gegangen, wir wären wirtschaftlich überhaupt nicht klargekommen, ohne dass ich gearbeitet hätte. Ich habe dann allerdings Stunden reduziert. Unser erstes Kind wuchs heran und nach zwei Jahren war ich erneut schwanger. Unser zweiter Sohn wurde geboren. So hatten wir uns das vorgestellt und waren zufrieden. Zwei Monate nach der Geburt wurde mir bei der Nachuntersuchung vom Arzt eröffnet, dass ich wieder schwanger war. Es war bekannt, dass kein Eisprung erfolgt, solange man voll stillt – ich stillte beide Kinder volle acht Monate." Ich kann nicht glauben, dass Rita auf diese Mär vertraut hatte. Wer hatte ihr das gesagt? „Mein Frauenarzt. Er war bei der Untersuchung, als er die Schwangerschaft feststellte, genauso überrascht wie ich. In meinem Buch ‚Die ersten neun Monate des Lebens‘ stand das auch noch drin. Ich hatte mich darauf verlassen. Mein zweiter Sohn ist Ende November geboren, im Februar wurde die nächste Schwangerschaft festgestellt." Wir lachen schon wieder beide. Vielleicht weil das Leben manchmal so komisch spielt. „Als ich nach der Untersuchung wieder in den Behandlungsraum gerufen wurde, fiel in diesem Gespräch für mich die Entscheidung, diese

Schwangerschaft nicht auszutragen. Dann bin ich nach Hause gegangen, habe mit meinem Mann gesprochen und ihm erzählt, wie die Sache für mich aussieht, dass ich einen Abbruch vornehmen würde. Mir war klar, dass ich mit einem weiteren Kind nicht mehr hätte arbeiten können. Ich war zu dieser Zeit wegen des Berufs und den beiden kleinen Kindern so ausgebrannt, völlig am Ende, dass da an keiner Stelle hätte irgendwas kippen dürfen. Dann wäre dieses System zusammengebrochen. Mein Mann sagte, die Hauptentscheidung läge bei mir, denn schließlich bin ich diejenige, die das durchführen lassen muss."

Ich möchte wissen, ob er sie nicht ermunterte, noch einmal in Ruhe darüber nachzudenken. „Nein, nein. Er wusste genau, dass damit eine Grenze überschritten ist, die wir nicht mehr gemanagt kriegen. Wir hatten keine Großeltern, die uns helfen konnten. Mein Vater war Witwer und so krank, dass er zusätzlich versorgt werden musste. Die Mutter meines Mannes war berufstätig, um ihre Rente aufzustocken, weil sie ebenfalls seit Langem verwitwet war, sodass auch dieser familiäre Umbau nicht tragfähig gewesen wäre. Wir waren auf uns allein gestellt. Man musste zu der damaligen Zeit zur Beratungsstelle. Ich ging zu ProFamilia und musste meinen Wunsch auf Abbruch begründen. Dabei musste diese Begründung ethisch standhalten. Gemeinsam mit meinem Arzt dachte ich mir eine Geschichte aus. Irgendein Seitensprung oder so etwas ... Dann erhielt ich einen Termin für den Abbruch." Ich frage nach Erinnerungen an den Tag des Eingriffs. „Ich weiß nicht mehr viel. Meine Freundin blieb bei den Kindern zu Hause und ich fuhr allein hin. Ich bin nicht mehr sicher, ob ich nach Hause fuhr oder mein Mann mich abholte. Aber ich weiß noch genau, welches Nachthemd ich anhatte." Ich hake nach: Wie sah das Nachthemd aus? „Es war lang und blau-gelb gestreift. Das gab mir meine Freundin, als ich von der Abtreibung nach Hause kam und gleich ins Bett ging." Kann sich Rita erklären, warum sie sich ausgerechnet an dieses Nachthemd erinnert? „Vielleicht, weil ich selten Nachthemden trug."

Ich frage Rita, ob es Zweifel oder Schuldgefühle gab, wie bei so vielen Frauen in ihrer Situation. „Nein, die gab es nie. Weder vor dem Abbruch noch danach." Rita atmet langsam und tief ein und aus. Und noch mal. „Vielleicht hatte es auch mit der damaligen Diskussion, wann eigenständiges Leben beginnt, zu tun. Da wurde die Fristenlösung mit der Zwölf-Wochen-Frist eingeführt. Eigenständiges Leben fing damals nach der zwölften Schwangerschaftswoche an. Das war die offizielle Lesart. Ich kann mir gut vorstellen, dass es damit etwas zu tun hatte. Aber es ist auch wichtig, dass man für sich selbst einen Standpunkt entwickelt. Für mich war die Situation klar: Ich bestimme über mich, habe in diesem Moment nicht über jemanden anderen entschieden, weil dieser jemand anderes noch nicht in einem Stadium des Lebens war, wo er hätte über sich selbst bestimmen können. Ich tat einen Schritt für mich. Mein Mann hat das mitgetragen, aber letztlich war es meine Entscheidung, weil ich es an mir vollziehen lassen musste. Ich habe eingangs erzählt, dass wir im Grunde genommen die Nachricht von den Ärzten bekommen hatten, wir würden keine Kinder haben können. Ich erinnere das Gefühl, als es dann doch geklappt hat, wie wertvoll das war."

Ich würde gern erfahren, mit welchen Menschen sie in der Entscheidungsphase gesprochen hat. „Mit der Freundin, die mich damals begleitet hat. Natürlich mit meinem Mann, meiner Schwiegermutter, das war es aber eigentlich."

Ich spreche Rita darauf an, dass viele Frauen ihr Leben lang mit niemandem über ihre Abtreibung reden. Wie hat sie das gehalten? „Man begegnet durchaus im Leben Frauen, die einen Abbruch hinter sich haben. Viele sagen, es wäre eine schwere Entscheidung gewesen, und fragen sich, ob das alles so richtig war. Ich habe wenige getroffen, die wie ich behaupten, es war genau das Richtige, damit nicht alles aus den Fugen geriet ..." Sie macht eine kurze Pause. „Aber manchmal habe ich auch das Gefühl, dass es Frauen ermutigt, wenn ich dasitze und sage, mir sei es nicht schlecht ergangen, und ab und zu denke ich: Eigentlich möchten die das auch sagen. Natürlich kommt es vor, dass einem dann Gefühlskälte oder Unglaubwürdigkeit unterstellt wird oder es auf Hausfrauen-Art psychologisiert wird: ‚Haste das verdrängt?' Manchmal bekam ich den Eindruck, dieses Leid, das die Frauen ertragen, sei vielleicht eine Reaktion, die gesellschaftlich eher akzeptiert wird, als wenn man dasteht und sagt: ‚Ja, ich habe alles richtig gemacht.'"

Glaubt Rita an eine Seele, und wenn ja, wann beginnt diese Seele ihr Erdenleben? „Ich glaube nicht, dass es eine Seele gibt, die gen Himmel fährt. Aber ich habe

Spuren hinterlassen. Und diese Spuren sind meine Söhne. Ich weiß nicht, ob das im weitesten Sinne zu dem Begriff Seele passt, aber etwas, das mich ausmacht, bleibt."

Ich lade Rita ein, weitere Gedanken in unser Gespräch einzubringen. „Ich habe für mich entschieden: Ich kann niemand anderen für diese Entscheidung verantwortlich machen, mich kann aber auch keiner dafür anklagen. In diesem Setting bin ich einfach nicht drin ... Ich bin gern schwanger gewesen, hatte auch keine Angst, und es war auch nicht so, dass ich Komplikationen bei den vorherigen Geburten hatte – all das spielte keine Rolle ..."

Die große Gelassenheit, mit der Rita über ihre Abtreibung spricht, lässt mir keine Ruhe. Ich hake nach, ob ihr zu dem Tag des Abbruchs noch etwas einfällt. Während Rita nachdenkt, fällt mir auf, dass es vor unseren Fenstern dunkel geworden ist. Die Schlote blinken mit ihren Warnlichtern und grüßen uns. Rita fährt nach langem Nachdenken fort: „Wenn das erledigt ist, liegst du einen Moment allein in einem Raum, und da dachte ich kurz: ‚Okay, das war es dann aber jetzt mit Kindern.' Denn dieses Recht hätte ich dann für mich nicht mehr gehabt, finde ich. Ich kann nicht eins wegmachen lassen, und wenn es mir dann in den Kram passt, ein anderes bekommen – das hätte ich nicht gemacht. Da war mir klar, dass das in diesem Leben erledigt ist. Da musste ich schlucken. Ich sehe mich noch daliegen und den Doc hereinkommen, der mich anguckt und sagt: ‚Was ist jetzt?' Und ich sage: ‚Es ist alles in Ordnung, aber das war es jetzt mit Kinderkriegen.' ‚Nee', antwortet er, ‚*das* heißt es ja nicht.'

166

Doch ich erwidere: ‚Für mich heißt es das. Ja, DAS!!!‘ Du siehst ja auch, wie ich heute lebe: Ich lasse mir nicht gern reinreden. Das muss mir dann schon viel wert sein. Es gibt ein Bild aus meiner Kindheit, als kleines Mädchen fotografiert. Blüschen mit Blüten draufgestickt, Handtäschchen in der Hand. Ich gucke den Fotografen an, aber durchaus nicht freundlich, die eine Hand hängt mit dem Handtäschchen herunter, die andere schwingt nach vorn und bildet eine Faust." Sie lacht. „Manchmal denke ich, wenn ich dieses Kind war, dann kommt das hin mit dem, was ich selbst empfinde. Nun bin ich halt so, wie ich bin."

Dankeschön

Als ich mit dem Projekt vor einigen Jahren begann, ahnte ich nicht, wie viel Hilfe, gedanklichen Austausch und Unterstützung ich brauchen würde, um es zu verwirklichen: Ich danke allen, die ich in ein Gespräch oder mehrere verwickeln durfte, um die wachsende Flut meiner Fragen, Zweifel und Gedanken zu verarbeiten. Jedes Gespräch, jede E-Mail, jede Buch- oder Studienempfehlung hat dazu beigetragen.

Dass das Projekt nach anfangs mühsamer Recherche Schwung aufnahm, verdanke ich Doris Schilly, die mit ihrer konsequenten und zielgerichteten Recherchearbeit die richtigen Menschen fand.

Dankeschön an Dr. Angelika Prokopp-Hippen und Prof. Dr. mult. Nikolaus Knoepffler, die immer Zeit fanden, meine ständig neuen Gedanken kurzfristig zu kommentieren, und mich beharrlich bestätigten, dieses Projekt zu einem guten Ende zu bringen.

Danke auch an Rahel e. V., die mir unermüdlich bei der Suche nach Frauen zur Seite standen.

Tirza Schmidt, Hebamme, hat mir die Augen und Ohren für die Probleme medizinischer Abtreibungen geöffnet. Danke, liebe Tirza.

Allen betroffenen Frauen, die mir ihre Geschichten anvertrauten, gehört mein allergrößter Dank. Ohne ihre Offenheit und ihren Wunsch, dieses Projekt anzutreiben, gäbe es dieses Buch nicht.

Meiner engsten Familie und meinen engsten Freunden danke ich für die geduldige Begleitung und die kritischen Anmerkungen, die oft notwendig waren, damit ich mich im Informationswust nicht verliere.

Ich bin auch dem Schicksal dankbar, dass sich alles so gefügt hat.

Viten

Prof. Dr. mult. Nikolaus Knoepffler,

geboren 1962, ist ein deutscher Philosoph und Theologe.
Seit 2002 ist er Inhaber des Lehrstuhls für Angewandte
Ethik an der Friedrich-Schiller-Universität Jena und
Leiter des Bereichs Ethik in den Wissenschaften der Fa-
kultät für Sozial- und Verhaltenswissenschaften (FSV)
und des überfakultären Ethikzentrums sowie Präsident
der Ethikkommission der FSV. Er ist Gründer und Präsi-
dent des vornehmlich wirtschaftsethisch ausgerichteten
Global Applied Ethics Network, u. a. in Kooperation mit
Kollegen der Georgetown University, des Oxford Uehiro
Centre for Practical Ethics und der Zeijang University,
Mitglied der Zentralen Ethikkommission für Stammzell-
forschung der Bundesrepublik Deutschland und Mitglied
der bayerischen Bioethik-Kommission sowie Vizepräsi-
dent der deutschen Akademie für Organtransplantation.
Derzeit ist er mitverantwortlich für das trilaterale DFG-
Projekt „Hearts of Flesh – not Stone" zwischen Israel,
Palästina und Deutschland. Knoepfflers Forschungs-
schwerpunkte sind die Bedeutung der Menschenwürde
für ethische Konfliktfälle, medizinethische und wirt-
schaftsethische Fragestellungen.

Dr. Angelika Pokropp-Hippen

ist Allgemeinmedizinerin und zusätzlich Psychotherapeutin. Sie arbeitet tiefenpsychologisch fundiert und ist als Lehrtherapeutin für Katathymes Bilderleben, einer imaginativen Symbolarbeit mit inneren Bildern, besonders qualifiziert und behandelt traumatherapeutisch. Außerdem steht sie zur Behandlung bei psychosomatischen Erkrankungen und Stressfolgen zur Verfügung. Spezielle psychotherapeutische Hilfe bietet sie für Frauen (und Männer) an, die an der Folgeerkrankung nach Abtreibung, dem Post Abortion Syndrom, leiden.

Prof. Dr. Sabine Rollberg

studierte Geschichte, Germanistik und politische Wissenschaften in Freiburg und Bonn. Nach Promotion und Volontariat beim WDR arbeitete sie als Redakteurin für die PG Ausland (Welt-, Kinderwelt- und Kulturweltspiegel, Auslandsstudio, Brennpunkte), Kultur und Wissenschaft (Kulturweltspiegel, Brennpunkte, Revuen), als Reporterin für Weltspiegel, Auslandsreporter sowie Auslandsstudio und als Moderatorin bei „Treffpunkt Dritte Welt" und für die Talkshow „Leute" (SFB). 1989–1994 war sie ARD-Korrespondentin in Paris und von 1994–97 ARTE-Chefredakteurin in Strasbourg. Seit 1999 ist sie ARTE-Beauftragte des WDR und hat zusätzlich seit 2007 einen Lehrauftrag für künstlerische Fernsehformate an der Kölner Kunsthochschule für Medien.

Tabu Abtreibung
Warum länger schweigen?

Der Film als DVD – auch zum gemeinsamen Anschauen und Diskutieren:

Renate Günther-Greene auf der Suche nach den Geschichten hinter den Mauern des Schweigens.
Vier Frauen begleiten sie mit ihren persönlichen Erfahrungen, Gespräche mit Frau Dr. Angelika Pokropp-Hippen und Prof. Dr. mult. Nikolaus Knoepffler vertiefen Hintergründe.

DVD: € 11.95
erhältlich über www.tabu-abtreibung.de

Weitere Ratgeber
im Ellert & Richter Verlag

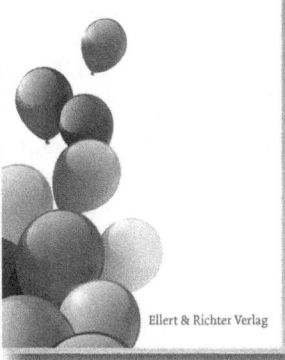

Endlich selbstbestimmt
Frau sein! Erst mutig,
dann glücklich Martina Nachbauer

Ellert & Richter Verlag

ISBN: 978-3-8319-0572-0
208 Seiten
Klappenbroschur

Martina Nachbauer
Endlich selbstbestimmt Frau sein!
Erst mutig, dann glücklich

Vom Opfer zur Heldin. Starke Frauen entdecken sich, stehen auf, wissen zu jedem Zeitpunkt genau, was ihnen guttut – heute, morgen, immer! Dieses Buch ist gespickt mit Coaching-Erfahrungen, in denen unterschiedliche Frauen, ab 40 plus, von ihrem spannenden Weg zu sich selbst berichten. Frauen, in denen der Wunsch laut wurde, sich von ihren Alltagsfesseln zu befreien und sich zu ihrer Stärke und inneren Schönheit zu entfalten. Ein mitreißendes Buch, das Frauen dazu ermutigt, die Komfortzone ihres Lebens, in dem sie sich eigentlich schon lange nicht mehr so recht wohlfühlen, zu verlassen. Mit Herz, Humor und Verstand gelingt es Martina Nachbauer, bei Frauen erste Impulse zu setzen, sich mutig auf den Weg zu machen und endlich dort anzukommen, wo sie schon ihr Leben lang hinwollten – zum eigenen, wahrhaftigen ICH!

Alexandra Bischoff

Ich wünsche mir
Gelassenheit

Ein Balancierkurs
für die Seele

Ellert & Richter Verlag

ISBN: 978-3-8319-0511-9
160 Seiten
Klappenbroschur

Alexanδra Bischoff
Ich wünsche mir Gelassenheit
Ein Balancierkurs für die Seele

„Das Lächeln, das du aussendest, kehrt zu dir zurück." Dieser Sinnspruch ist allgemein bekannt. Aber wie kann man ihn auch dann noch beherzigen, wenn man sich beispielsweise gerade ungerecht behandelt fühlt?
Alexandra Bischoffs Balancierkurs für die Seele setzt genau dort an. Indem wir unseren Umgang mit alltäglichen Unannehmlichkeiten verbessern, werden wir weniger angreifbar, bekommen eine positivere Ausstrahlung, gehen entspannter mit schwierigen Situationen um und reduzieren so den oft selbst kultivierten Stress. Es gilt, sich auf der Wippe des Lebens immer wieder neu ins Gleichgewicht zu bringen. Nicht steif in der Mitte zu stehen, sondern flexibel äußere Impulse auszugleichen.

Christa Pauls, Uwe Sanneck und Anja Wiese
Rituale in der Trauer

Rituale sind als Begleiter in der Trauer von unschätzbarem Wert. Sie gehören zum Kulturschatz der Menschheit. Die Autoren stellen ihre Ritualarbeit mit Trauernden in einem von ihnen entwickelten ganzheitlichen Ansatz vor und geben Einblick in die in ihrer Form einzigartige Arbeit mit trauernden Menschen. Trauernden und Menschen, die Trauernde begleiten, bietet das Buch wertvolle Hilfe und vielfältige Anregung. Den Tod einfach aus dem Leben auszugrenzen, ist ein fataler Fehler in unserer Gesellschaft. Dass Leben und Tod als Eingang und Ausgang einer Tür zu begreifen sind, macht dieses einfühlsame Buch deutlich.

ISBN: 978-3-8319-0531-7
144 Seiten, 42 Abbildungen
Klappenbroschur

Astrið Leila Bust; Bjørn Thorsten Leimbach
Springen Sie über Ihren Schatten!
Glück ist keine Glückssache

Die Antwort der Therapeuten Leila Bust und Bjørn Thorsten Leimbach auf ein Lebensgefühl von Langeweile, Routine oder Unzufriedenheit ist einfach, aber radikal. Gegen den Mainstream von Ratgebern der Selbstfindung ist dieser Glückskurs mit 52 Wochenübungen eine Anleitung zu persönlicher Freiheit und Zufriedenheit. Sie lernen, so zu fühlen und zu denken, wie Sie es sonst nie tun, und sich so zu verhalten, dass Ihre Umwelt staunt. Wenn Sie „im alten Trott" bleiben und Ihre Ruhe haben wollen, dann legen Sie dieses Buch schnell wieder weg. Provokant, humorvoll und äußerst effektiv. Denn Glück ist keine Glückssache, sondern liegt in Ihrer Hand!

ISBN: 978-3-8319-0439-6
224 Seiten
Broschur

Thomas Bergner
Dein Leben ist leicht, wenn du es willst
Den Selbstwert stärken

Nichts wird anders, wenn wir selbst nichts ändern. Wir können aktiv Einfluss darauf nehmen, wie glücklich wir in unserem Leben sind. Thomas Bergner gibt konkrete und lebensnahe Tipps, wie wir unsere individuellen Stolpersteine aufspüren, die häufig aus den Erwartungen der anderen bestehen, oft genug aber auch aus den Erwartungen an sich selbst. Erst, wenn diese Hindernisse identifiziert sind, können sie verarbeitet und schließlich losgelassen werden, um so ein leichteres Leben zu ermöglichen.
Dieses Buch ermutigt, sich selbst anzunehmen, so wie man ist – ohne Wenn und Aber.

ISBN: 978-3-8319-0577-5
224 Seiten
Klappenbroschur

Stefanie Stahl
Leben kann auch einfach sein!
So stärken Sie Ihr Selbstwertgefühl

Menschen, die über ein starkes Selbst verfügen, haben eine gute Meinung von sich, sind optimistisch und befinden sich mit ihren Mitmenschen auf Augenhöhe. Der Selbstwert ist das Kraftwerk der Seele! Dieses Gefühl kann man stärken, indem man sich selbst akzeptiert; indem man klar kommuniziert; indem man zielgerichtet handelt; indem man seine Gefühle reguliert und indem man sein Leben genießt. Wie das gelingen kann, zeigt die Bestseller-Autorin und Psychotherapeutin Stefanie Stahl in anschaulichen Beispielen.

ISBN: 978-3-8319-0443-3
240 Seiten
Klappenbroschur

Impressum

Bibliografische Information der Deutschen Nationalbibliothek
Die Deutsche Nationalbibliothek verzeichnet diese Publi-
kation in der Deutschen Nationalbibliografie; detaillierte
bibliografische Daten sind im Internet über
http://dnb.d-nb.de abrufbar.

ISBN 978-3-8319-0604-8
© Ellert & Richter Verlag GmbH, Hamburg 2015

Titelfoto: © Johanna Wittig
Text: Renate Günther-Greene, Düsseldorf
Lektorat: Sophie Torp, Hamburg
Gestaltung: BrücknerAping Büro für Gestaltung GbR,
Bremen
Gesamtherstellung: CPI books GmbH, Leck

www.ellert-richter.de